AF282087

Sensibilización en la igualdad de oportunidades. FCOO02

Almudena Carmona Ruiz

ic editorial

Sensibilización en la igualdad de oportunidades. FCOO02
© Almudena Carmona Ruiz

1ª Edición

© IC Editorial, 2025

Editado por: IC Editorial
c/ Cueva de Viera, 2, Local 3
Centro Negocios CADI
29200 Antequera (Málaga)
Teléfono: 952 70 60 04
Fax: 952 84 55 03
Correo electrónico: iceditorial@iceditorial.com
Internet: www.iceditorial.com

ISBN: 978-84-1184-568-7
Depósito Legal: MA 103-2025

Impresión: PODiPrint
Impreso en Andalucía – España

Nota de la editorial: IC Editorial pertenece a Innovación y Cualificación S. L.

Especialidad formativa

Se entiende por especialidad formativa la agrupación de contenidos, competencias profesionales y especificaciones técnicas que responde a un conjunto de actividades de trabajo enmarcadas en una fase del proceso de producción y con funciones afines.

Las especialidades formativas de Uso General, Formación Complementaria, Formación Modular y las especialidades formativas dirigidas a la obtención de certificados de profesionalidad se incluyen en el Fichero de Especialidades del Servicio Público de Empleo Estatal para su gestión en todo el territorio nacional por cualquier Administración competente.

Las especialidades complementarias, pertenecen todas a la Familia profesional de Formación Complementaria (FCO) y tienen la consideración de formación transversal en áreas que se consideran prioritarias tanto en el marco de la Estrategia Europea para el Empleo y del Sistema Nacional de Empleo como en las directrices establecidas por la Unión Europea. Se consideran áreas prioritarias las relativas a tecnologías de la información y la comunicación, la prevención de riesgos laborales, la sensibilización en medio ambiente, la promoción de la igualdad, la orientación profesional y aquellas otras que se establezcan por la Administración competente.

Las especialidades de Certificado de profesionalidad tienen una duración especificada en su normativa reguladora.

En el resultado de la búsqueda, se muestran las unidades de competencia, todos los módulos formativos con su duración y las unidades formativas del certificado correspondiente, con su duración. Las horas del certificado, exclusivo de las especialidades de certificado de profesionalidad, con alta igual o superior a 2008, son las horas totales más las horas del módulo de Prácticas Profesionales no Laborales.

- **Si la especialidad tiene unidades formativas,** las horas totales, presencial, distancia, teleformación serán igual a la suma de esas horas de las unidades formativas de los distintos módulos, sin que se repita ninguna Unidad formativa.

- **Si la especialidad no tiene unidades formativas,** las horas totales, presencial, distancia, teleformación serán igual a las sumas de esas horas de los módulos formativos, eliminando las horas de los módulos repetidos.

https://sede.sepe.gob.es/especialidadesformativas/RXBuscadorEFRED/BusquedaEspecialidades.do

(Fuente: Servicio Público de Empleo Estatal)

Índice

Unidad de aprendizaje 3
La desigualdad y la violencia de género

OBJETIVO GENERAL

El objetivo general asociado al Programa Formativo **FCOO02: Sensibilización en la igualdad de oportunidades** es:

- ➲ Conocer qué es la igualdad de oportunidades entre mujeres y hombres para poder contribuir al desarrollo de la sociedad, a través del acceso en condiciones de igualdad al mercado laboral.
- ➲ Conocer los diferentes planes y políticas institucionales para la lucha contra la discriminación laboral y analizar el lenguaje sexista en el fenómeno de la comunicación humana.
- ➲ Analizar el impacto de género teniendo en cuenta el análisis sobre los resultados y efectos de las normas y políticas públicas, con el objetivo de identificar, prevenir y evitar la producción o el incremento de las desigualdades de género.
- ➲ Tomar conciencia sobre el problema social de la violencia de género; así como conocer las políticas institucionales, programas, medidas preventivas y correctoras a aplicar; las organizaciones y recursos existentes para actuar contra la violencia de género.

La igualdad de oportunidades entre hombres y mujeres

Contenido

Objetivo

El objetivo general de esta Unidad de Aprendizaje es:

→ Conocer los diferentes planes y políticas institucionales para la lucha contra la discriminación laboral y analizar el lenguaje sexista en el fenómeno de la comunicación humana.

Los objetivos específicos de esta Unidad de Aprendizaje son:

→ Dominar los conceptos clave que diferenciar en todo proceso de igualdad de género.

→ Identificar el tipo de discriminación que se está produciendo en una situación concreta.

1. Introducción

La igualdad de oportunidades entre mujeres y hombres es un principio universal reconocido sobre la base de los derechos humanos. Se busca garantizar que tanto las mujeres como los hombres **tengan las mismas posibilidades** en todos los ámbitos de la sociedad, de la economía y de la vida política. En definitiva, se persigue eliminar un trato desigual entre hombres y mujeres como consecuencia de las diferencias de sexo.

En la sociedad actual, el fenómeno conocido como **igualdad de oportunidades** está aceptado y reconocido a nivel jurídico y legal, es decir, las normativas de cada país sientan las bases para establecer un trato igualitario entre hombres y mujeres.

En concreto, en el artículo 14 de la Constitución española, se reconoce que todos los españoles son iguales ante la ley, sin que pueda existir discriminación por razón de nacimiento, raza, sexo, religión, opinión o cualquier otra circunstancia personal o social. Aunque formalmente existe una igualdad legal entre hombres y mujeres; en la práctica no suele ser una realidad.

Para conseguir una igualdad real es necesario que la sociedad se involucre en lograr este objetivo y que desde los organismos públicos se proporcionen las herramientas necesarias para que la igualdad entre hombres y mujeres se convierta definitivamente en una realidad.

2. Conceptos básicos

La igualdad de género es un principio constitucional que establece que **hombres y mujeres son iguales ante la ley,** teniendo los mismos derechos y deberes. Para llevar a la práctica este principio, es necesario conocer una serie de términos relacionados con la igualdad de oportunidades; estos conceptos básicos son **aplicados en función del ámbito o sector en el que nos encontremos.**

Conceptos generales sobre igualdad de oportunidades	Conceptos relacionados con el ámbito educativo y la formación	Conceptos relacionados con el ámbito laboral
- Sexo y género - Estereotipos y roles - Patriarcado, machismo y feminismo - Empoderamiento y Sororidad - Tipos de espacios y usos del tiempo - Androcentrismo y Comunicación sexista	- Coeducación - Currículum oculto - Brecha digital de género	- Techo de cristal - Brecha salarial de género - Conciliación de la vida personal, familiar y laboral - Corresponsabilidad

A continuación, se explicará a qué se refieren estos conceptos básicos.

2.1. Conceptos generales sobre la igualdad de oportunidades

Existen una serie de conceptos genéricos relacionados con la igualdad de oportunidades que deben quedar claros; a su vez, varios de esos términos suelen confundirse al estar estrechamente relacionados. A continuación, veremos estos términos y las diferencias o semejanzas entre ellos.

Sexo y género

No debemos confundir los términos sexo y género, ya que no significan lo mismo. Cuando nos referimos al principio de igualdad siempre se hace referencia a la igualdad de género. En determinados casos podemos confundir esta igualdad con la igualdad de sexo, situación que no sería correcta, ya que **el término igualdad de género no es sinónimo de igualdad de sexo.**

No deben existir diferencias de oportunidades entre hombres y mujeres, y para poder entender por qué, se hace necesario diferenciar entre los términos sexo y género:

- ⮞ El **término sexo** (hombre o mujer) hace referencia a las características biológicas, físicas, anatómicas o fisiológicas con las que nacen las personas.
- ⮞ Por otro lado, el **término género** (masculino o femenino) hace referencia al conjunto de actitudes y conductas que una sociedad atribuye a

cada sexo. Es decir, es la creación de una cultura que establece diferencias entre los hombres y mujeres, identificando características sociales, culturales, políticas, psicológicas, jurídicas o económicas diferentes para las personas, por la condición de ser varón o mujer.

IMPORTANTE

Los términos igualdad de género e igualdad de sexo no deben confundirse, ya que no son sinónimos. El sexo hace referencia a las características biológicas de las personas, y el género a la diferenciación de conductas establecida por la sociedad.

Para entender mejor la diferencia entre ambos conceptos, podemos ver el siguiente esquema:

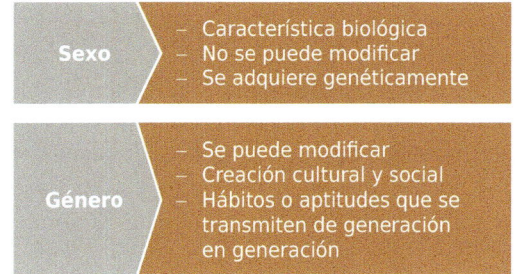

Estereotipos y roles

Cuando hablamos de estereotipos nos referimos al **conjunto de actitudes e ideas preconcebidas que se tienen sobre una persona o grupo de personas,** en función de determinadas características que los diferencian.

 **DEFINICIÓN**

Estereotipos de género

Son un conjunto de cualidades y características psicológicas y físicas que una sociedad asigna a hombres y a mujeres por el hecho de considerarlos diferentes en función al sexo. Los estereotipos determinan cómo deben ser las mujeres y los hombres, estableciendo para cada uno de ellos un papel y una función en la sociedad.

En definitiva, los estereotipos de género son **construcciones mentales** que la sociedad hace sobre las mujeres y los hombres, los cuales varían en función de las épocas o de las culturas y conllevan a la discriminación de la mujer.

 EJEMPLO

Frases como las niñas son más buenas y los niños más traviesos, las mujeres son más trabajadoras, pero los hombres más inteligentes, las mujeres tienen menos ambición y los hombres son más competitivos, son ejemplos de estereotipos.

Relacionado con el concepto de estereotipo de género nos encontramos con el término **roles de género,** entendido como el conjunto de pautas de acción y comportamiento asignados a mujeres y a hombres, inculcados a ellos y persistentes según los criterios vigentes en una sociedad.

Tradicionalmente, a las mujeres se les han asignado roles relacionados con las tareas del hogar, mientras que a los hombres se les han asociado roles relacionados con el trabajo fuera de casa; esto ha provocado fuertes **diferencias sociales que hacen crecer la desigualdad** entre hombres y mujeres.

NOTA

Por tanto, los estereotipos y roles de género dañan el desarrollo personal de mujeres y hombres, estableciendo desigualdades entre ellos. Podemos decir que en todas las sociedades existe una idea más o menos estereotipada de cómo son las mujeres y cómo son los hombres. Los roles son el papel asignado que debe desempeñar cada persona, según sea hombre o mujer.

Patriarcado, machismo y feminismo

Tres conceptos claves en el proceso de igualdad de género son **patriarcado, machismo y feminismo.** A continuación, se analizarán cada uno de ellos.

Patriarcado

El patriarcado es entendido como un **sistema de organización social** que pone de manifiesto diferencias, claras y jerarquizadas, entre los papeles que desempeñan en la sociedad los hombres y las mujeres. Este tipo de sociedad destaca porque **a los hombres se les dan determinados privilegios,** por el simple hecho de haber nacido biológicamente varones y **a las mujeres se les da un trato de inferioridad,** ya que quedan subordinadas a las decisiones que tomen los hombres.

El patriarcado es una forma de organización política, económica, religiosa y social basada en la que la autoridad y el liderazgo lo ejerce el hombre. Este sistema suele trasmitirse de generación en generación, perpetuando esta forma de organización en la educación, la estructura de la familia y en la emisión de estereotipos a través de los medios de comunicación.

Machismo

El machismo es un sistema ideológico y de legitimación de la desigualdad, que **considera a los hombres superiores a las mujeres.** Relacionado con el sistema social patriarcal, el machismo difunde y proyecta la idea de que las mujeres tienen menores cualidades que los hombres en determinadas cuestiones como son la política, economía, innovación tecnológica, liderazgo religioso, etc.

El machismo considera que las mujeres solo tienen tres capacidades: **la ma-ternidad, la capacidad para cuidar a los demás y la belleza.**

Feminismo

El movimiento denominado como feminismo es un fenómeno social y político que supone la toma de conciencia de las mujeres de la opresión y dominación que han sufrido durante años por parte de los hombres.

El feminismo se entiende desde dos puntos de vista, como teoría política y como movimiento social, siendo el objetivo común conseguir la igualdad de oportunidades entre mujeres y hombres.

 TAREA 1

El ayuntamiento de tu localidad ha detectado que la mayoría de la ciudadanía no tiene claro algunos de los conceptos importantes del proceso de igualdad de género. Toma la decisión de elaborar una campaña de sensibilización de género en la que se expongan tres situaciones que identifiquen claramente los conceptos de patriarcado, machismo y feminismo.

¿Cuáles situaciones podrían explicar cada concepto? Pon un ejemplo de ellas.

Empoderamiento y Sororidad

Otros dos conceptos que están íntimamente relacionados son el empoderamiento y el de sororidad.

Por su parte el término empoderamiento fue introducido en la III Conferencia Mundial sobre la Mujer de las Naciones Unidas (Nairobi, 1985), pero no se desarrolló y consolidó hasta la IV Conferencia Mundial de las Mujeres en Beijing (Pekín, 1995). Este concepto surgió para referirse al **aumento de la participación de las mujeres en los procesos de toma de decisiones y acceso al poder.**

 **DEFINICIÓN**

Empoderamiento
Procede del término *empowerment,* que significa "ganar poder", fortalecerse personalmente en la posición social, económica y política.

El empoderamiento femenino conlleva un **proceso de toma de conciencia de poder,** donde se permita aumentar la participación de las mujeres en los procesos de toma de decisiones, tanto de forma individual como colectiva:

Empoderamiento individual	Empoderamiento colectivo
Es un proceso personal de cada mujer, en la toma de conciencia de que existen desigualdades en función del género. El objetivo es consolidar la autonomía y poder personal de las mujeres, para que cada una pueda ejercer su capacidad de influencia y tomar sus propias decisiones. Cada mujer debe tener claro lo que quiere, saber dónde quiere llegar y sentirse bien con ella misma. En definitiva se busca que la mujer sea libre y pueda tomar sus propias decisiones.	Es el proceso por el cual los intereses de las mujeres se relacionan. El objetivo es incrementar el poder de las mujeres, desde una posición colectiva, para así organizarse en torno a unos intereses colectivos. En definitiva se trata de trabajar de forma colectiva para conseguir logros sociales, políticos y económicos.

 **EJEMPLO**

Como ejemplos de empoderamiento individual tenemos: el voto, la propiedad, el divorcio, la educación, la salud sexual, reproductiva y de género, el trabajo productivo, etc.

La creación de asociaciones, grupos y movimientos de mujeres para exigir la defensa de sus derechos y el cumplimiento de las leyes y el desarrollo de los planes de igualdad son ejemplos de empoderamiento colectivo.

Por otra parte, el término **sororidad** es entendido como un tipo de **alianza entre mujeres.** El objetivo de esta unión es realizar acciones específicas para la eliminación de todas las formas de opresión que sufren las mujeres y llegar al apoyo mutuo para lograr el empoderamiento de cada mujer.

 **DEFINICIÓN**

Sororidad
Alianza entre mujeres con el objetivo de eliminar las desigualdades.

Tipos de espacios y usos del tiempo

Es necesario hacer una distinción entre los tipos de espacio que se dan en toda sociedad:

- **Espacio público:** es un espacio donde tradicionalmente se sitúa a los hombres, ya que se identifica con el ámbito productivo donde se desarrolla la vida laboral, social, política y económica.
- **Espacio privado:** se considera el lugar o espacio de tiempo propio de cada persona, es decir, el momento que cada individuo tiene para estar consigo mismo. Tradicionalmente, se ha considerado que la privacidad es una parcela de la que disfrutan los hombres, ya que en el caso de las mujeres suele confundirse con el espacio doméstico.
- **Espacio doméstico:** es un espacio donde tradicionalmente se sitúa a las mujeres, ya que se considera un lugar de inactividad pública, donde las tareas se centran en el cuidado del hogar, de los hijos y la familia.

 **NOTA**

En definitiva, existen diferencias entre espacios y, por tanto, las personas deben preguntarse: ¿Cuánto tiempo dedican a las tareas del hogar o al cuidado familiar? ¿Cuánto tiempo dedican al trabajo? ¿Cuánto tiempo dedican a uno mismo/a? La diferencia de espacios es evidente y está relacionada con el reparto de funciones entre hombres y mujeres, que no se rige en función de la capacidad de cada uno, ni por los conocimientos que posean, sino por el hecho de ser mujeres u hombres.

Androcentrismo y Comunicación sexista

El androcentrismo **considera al hombre como el centro del universo** y sobre el que giran todas las cosas. Es una ideología que discrimina a la mujer, ya que parte de la idea de que el hombres es el ser más importante y trascendente para el funcionamiento de la sociedad. Las conductas derivadas del androcentrismo **sientan las bases para la violencia, exclusión y frustración de muchas mujeres.**

SABÍAS QUE...

El androcentrismo hace invisibles a las mujeres y conlleva a la ocultación de las aportaciones realizadas por ellas.

En la visión androcéntrica del mundo, el ámbito productivo corresponde a los hombres y el reproductivo a las mujeres, lo que implica una clara **asignación de tareas diferentes en función de los sexos.**

Los medios de comunicación son una de las vías de transmisión que más influyen en el proceso de socialización y tienen una gran responsabilidad de la imagen pública que se crea de las mujeres. Los estereotipos de género se reflejan bastante bien en la imagen que se proyecta de las mujeres y los hombres, en los medios de comunicación y en los anuncios publicitarios. Esta imagen refuerza y retroalimenta los roles tradicionales, destacando el papel de cuidadoras y de iconos sexuales en el caso de las mujeres.

DEFINICIÓN

Sexismo
Actitud que promueve diferencias entre las personas cuando se atribuyen determinadas características a uno u otro sexo, dando un mayor valor a uno de ellos.

2.2. Conceptos relacionados con el ámbito educativo y la formación

Existen una serie de conceptos básicos en materia de igualdad de oportunidades relacionados con el **ámbito educativo** que deben quedar claros.

Coeducación

El sistema educativo debe estar encaminado a proporcionar a los niños y a las niñas una formación que les permita **adquirir valores y desarrollarse personalmente.** Además, debe tener como objetivo la eliminación de la discriminación y desigualdad entre personas, sin importar la raza, el sexo, religión o la opinión de cada uno.

 DEFINICIÓN

Coeducación
Es un método educativo que busca desarrollar las capacidades de los niños y de las niñas a través de la educación. Se trata de educar desde una perspectiva de género, inculcando el principio de igualdad y valorando por igual las oportunidades de niños y niñas.

Con la coeducación **se busca eliminar los estereotipos o roles** asignados tradicionalmente sobre las características que tienen las niñas o los niños. Cada persona es diferente y se debe educar y enseñar teniendo en cuenta esas diferencias y las cualidades de cada individuo, sin distinguir si son del sexo masculino o femenino.

Currículum oculto

El currículum oculto es la **información que los alumnos aprenden de forma inconsciente,** que pasa desapercibida para ellos y para los profesores, pero que queda arraigada e influye en su forma de actuar.

NOTA

El currículum oculto es el conjunto de normas, costumbres, símbolos, formas de comportamiento y de comunicación, que se aprecian en el funcionamiento de la institución educativa.

- -

Muchas de las cosas que se aprenden en el colegio no forman parte del sistema lectivo o materias que se deben impartir. Esto es lo que se conoce como currículum oculto. El currículum oculto **actúa sobre los valores, las conductas y las cualidades personales.**

Brecha digital de género

Aunque cada vez las tecnologías de la información y de la comunicación son más utilizadas por mujeres, está demostrado que **los hombres usan las nuevas tecnologías más que las mujeres,** lo que da lugar a una brecha digital de género.

DEFINICIÓN

Brecha digital de género

Es la diferencia del uso de las TIC entre hombres y mujeres, expresada en puntos porcentuales.

- -

La sociedad de la información ofrece oportunidades para una transformación que posibilite el avance no solo de las mujeres, sino de la sociedad en su conjunto. Por ello, es necesario favorecer las aportaciones, la presencia y el compromiso de las mujeres en todos los ámbitos (social, académico, institucional o laboral) de este nuevo entorno.

2.3. Conceptos relacionados con el ámbito laboral

El sector laboral es uno de los ámbitos donde existe más desigualdad entre hombres y mujeres. Algunos de los conceptos básicos que se emplean en este ámbito, relacionados con la igualdad de oportunidades son:

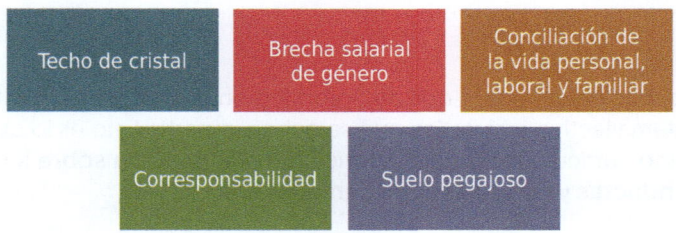

Techo de cristal

El techo de cristal hace referencia al obstáculo que tienen las mujeres cuando quieren **ascender laboralmente.** Se trata de una barrera invisible que limita el desarrollo profesional de las mujeres y les **impide seguir avanzando** y optar a puestos de mayor responsabilidad.

Brecha salarial de género

La brecha salarial de género es la **diferencia que existe entre el salario que cobran las mujeres y los hombres** por desempeñar un mismo trabajo. En concreto, es la diferencia en términos relativos que existe en la media de los ingresos brutos por hora, de mujeres y hombres, en todos los sectores de la economía.

Conciliación de la vida personal, familiar y laboral

Hace referencia a la capacidad de compatibilizar el trabajo remunerado, con el trabajo doméstico y/o responsabilidades familiares, y con el tiempo libre que permita el desarrollo personal de cada persona.

Este concepto busca el desarrollo pleno de las personas en el ámbito del trabajo, afectivo, familiar, personal de ocio, estudio e investigación, y a disponer de tiempo para sí. Es decir, se trata de buscar un equilibrio en las diferentes dimensiones del día a día, con el objetivo de **mejorar el bienestar, la salud y la capacidad de trabajo personal.**

Corresponsabilidad

Consiste en el **reparto de las responsabilidades domésticas** entre hombres y mujeres de forma que se consiga una distribución equilibrada de los espacios públicos, domésticos y privados.

En definitiva, para equilibrar la sociedad y potenciar la igualdad es necesario repartir las responsabilidades familiares y distribuir adecuadamente los tiempos, para evitar que exista desigualdad entre hombres y mujeres.

Suelo pegajoso

Las circunstancias relacionadas con las responsabilidades en el ámbito privado hacen que las mujeres, en comparación con los hombres, tengan empleos más precarios, temporales o peor pagados. Esta situación dificulta, por ello, el desarrollo profesional de las mujeres.

3. Hombres y mujeres: diferentes pero iguales

Históricamente los hombres y las mujeres han asumido papeles distintos basados en las diferencias naturales que hay entre ambos. Tradicionalmente se ha esperado que las tareas desarrolladas por hombres y mujeres sean diferentes en función del sexo que tienen, sin embargo las diferencias que se han establecido entre ellos son **fruto de la educación y la cultura recibida.**

El género es la base de la desigualdad entre hombres y mujeres. Este concepto parte de los rasgos que la sociedad atribuye a lo que considera masculino o femenino, mediante la educación, el lenguaje, la religión o las tradiciones familiares.

 SABÍAS QUE...

El concepto de género como se conoce hoy día fue introducido en la sociedad en 1977, por Ann Oakley, la cual partió de este término para analizar el sistema económico y estudiar el papel de los hombres y mujeres en el mundo laboral.

Continúa en página siguiente >>

<< Viene de página anterior

Esta socióloga llegó a la conclusión de que cuando se habla de sexo, nos referimos a las características biológicas de cada ser humano, siendo este término un componente importante para determinar los papeles sociales que van a desempeñar hombres y mujeres.

Fue la **división sexual en el trabajo** el punto de partida para llegar a la conclusión de que en todas las sociedades se adjudican funciones diferentes a hombres y mujeres. Por ejemplo, tradicionalmente la sociedad decide cuáles son las competencias de los hombres, que serán consideradas como tareas masculinas, y cuáles corresponden a las mujeres, convirtiéndolas en labores femeninas.

Es decir, en la sociedad se establecen diferencias en función de que una persona nazca hombre o mujer y se le asigne un determinado género (masculino o femenino). En concreto existen dos tipos de diferencias:

Diferencias sexuales
- Estas diferencias no cambian a lo largo de la historia, ya que son características físicas y biológicas innatas a cada hombre o mujer.

Diferencias de género
- Estas diferencias son adquiridas por razones culturales, ideológicas, sociales... es decir, son papeles que se les atribuyen a las personas por el simple hecho de ser hombres o mujeres.
- Estas diferencias cambian con el paso de los años y pueden ser diferentes según la ideología o las creencias de cada sociedad.

Aunque en teoría hombres y mujeres son considerados iguales, en la práctica ocurre lo contrario:

- ⮑ Las mujeres tienen **menos independencia económica,** ya que participan menos o en peores condiciones que los hombres en el mercado laboral.
- ⮑ Aunque las mujeres trabajen fuera de casa, deben seguir trabajando en su casa, realizando las tareas domésticas y cuidando a la familia. Aunque los hombres están cada vez más implicados en las tareas de la casa, **no comparten en la misma medida el trabajo familiar y doméstico,** que suele recaer en mayor parte sobre las mujeres.

⮑ Las mujeres no participan de la misma forma que los hombres en la vida social y en política.

Para que mujeres y hombres se puedan desarrollar en igualdad de condiciones, **es necesario compartir obligaciones y derechos.**

4. Igualdad legal e igualdad real

La igualdad de género es la capacidad legal, social y política de las mujeres y hombres para **movilizar y gestionar todo tipo de recursos en las mismas condiciones.**

También se le ha denominado "igualdad de derecho" e "igualdad de hecho" porque la sola promulgación de la igualdad legal no basta para cambiar las costumbres y estructuras de la desigualdad.

SABÍAS QUE...

Que exista igualdad legal, no implica que haya igualdad real.

La igualdad desde un punto de vista formal está recogida en los textos legales de cada país, donde queda reflejado que los hombres y mujeres tienen los mismos derechos. Casi todos los países incluyen el principio de igualdad como un **derecho fundamental** de las personas, ya que estas no pueden ser discriminadas por razón de sexo, etnia, religión, opinión o cualquier otra condición o circunstancia personal o social.

IMPORTANTE

La igualdad legal es el primer paso para materializar la igualdad de forma real en la sociedad, sin embargo muchos países ni siquiera han adaptado a sus normativas el principio de igualdad, provocando que sea difícil llegar a conseguir una igualdad de oportunidades real y de forma práctica.

Que exista un reconocimiento desde el punto de vista formal o legal no significa que en un país o sociedad exista una igualdad real. Para conseguir la igualdad real es necesario trabajar; en este sentido, cada persona, entidad y organización tiene la posibilidad de **cambiar ideas y formas de actuar para conseguir una igualdad más justa.**

En definitiva se alcanzará igualdad real cuando se hable de igualdad de oportunidades entre mujeres y hombres, garantizando a ambos colectivos el acceso a los bienes que se generan dentro de una sociedad (económicos, materiales y no materiales) en las mismas condiciones.

Por tanto, resulta imprescindible garantizar que mujeres y hombres puedan **acceder y participar en las diferentes esferas** (económica, política, participación social y de toma de decisiones) **y actividades** (educación, formación y empleo) **sobre bases de igualdad.**

4.1. El principio de igualdad

El **desarrollo del principio de igualdad** es el instrumento político a través del cual giran las actuaciones o medidas dirigidas a favorecer la participación de las mujeres en la sociedad.

 **IMPORTANTE**

La igualdad entre mujeres y hombres es un principio fundamental, entendido como un valor jurídico universal que se concreta en el derecho a la no discriminación por razón de sexo.

La puesta en marcha de políticas específicas de igualdad ha permitido dar a conocer la situación de desigualdad social con la que conviven las mujeres, propiciando hacerlas visibles y favoreciendo su toma en consideración en aspectos relevantes.

Además, gracias al desarrollo de este tipo de políticas y a los procesos de investigación o estudios que se han realizado en los últimos años, se ha llegado a la explicación de cuáles son las causas de discriminación que afectan a las mujeres, impulsando la creación de espacios propios para ellas.

IMPORTANTE

Con la aplicación del principio de igualdad se pretende construir un modelo de relaciones sociales entre hombres y mujeres que, mediante la redistribución social equitativa, aporte una mejor calidad de vida.

- -

El principio de igualdad tiene una triple dimensión:

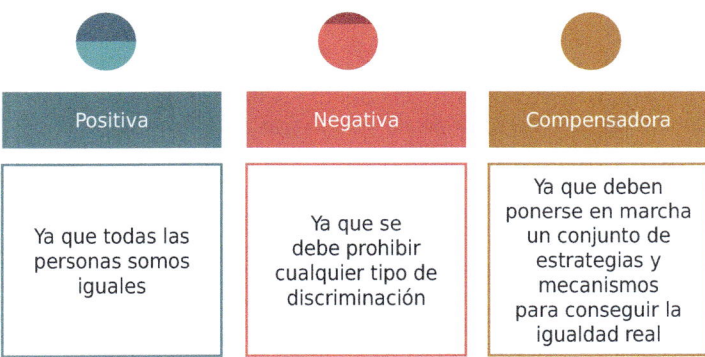

Positiva	Negativa	Compensadora
Ya que todas las personas somos iguales	Ya que se debe prohibir cualquier tipo de discriminación	Ya que deben ponerse en marcha un conjunto de estrategias y mecanismos para conseguir la igualdad real

El principio de igualdad de trato entre mujeres y hombres supone la **ausencia de toda discriminación,** directa o indirecta, por razón de sexo, y, especialmente, las derivadas de la maternidad, la asunción de obligaciones familiares y el estado civil.

4.2. Tipos de discriminación

La desigualdad de género se manifiesta a través de la **discriminación o trato de inferioridad** a una persona o colectivo por motivos raciales, religiosos, políticos o de sexo, entre otros.

Las características sociales y culturales que se atribuyen a las personas por el hecho de ser biológicamente diferentes, mujeres u hombres, definen las identidades de género que son la base donde se asienta la desigualdad de género.

NOTA

Las desigualdades entre hombres y mujeres continúan existiendo en la actualidad, aunque en los últimos tiempos se han conseguido importantes avances en esta materia.

En algunos casos la discriminación de género se ve agravada por circunstancias sociales, personales y culturales, que hacen acrecentar las diferencias para las mujeres inmigrantes, con discapacidad o las que trabajan en el ámbito rural.

La Convención sobre eliminación de todas las formas de discriminación contra las mujeres organizada por la Asamblea General de Naciones Unidas (Diciembre de 1979) puso de manifiesto que cuando se habla de discriminaciones por razón de sexo se hace referencia a:

Toda distinción, exclusión o restricción basada en el sexo que tenga por objeto o por resultado menoscabar o anular el reconocimiento, goce o ejercicio por las mujeres, con independencia de su estado civil, sobre la base de la igualdad del hombre y de la mujer, de los derechos humanos y las libertades fundamentales en las esferas políticas, económicas, sociales, cultural y civil o en cualquier otra esfera.

Hay diferentes tipos de discriminación por razón de sexo:

- **Discriminación directa:** situación en la que se encuentra una persona que sea, haya sido o pudiera ser tratada, en atención a su sexo, de manera menos favorable que otra en situación comparable (artículo 6.1. de la Ley Orgánica 3/2007 para la igualdad efectiva de mujeres y hombres). Por ejemplo, en determinadas circunstancias las mujeres tienen que soportar salarios diferentes a los de los hombres o incluso son despedidas por el hecho de estar embarazadas.
- **Discriminación indirecta:** situación en que una disposición, criterio o práctica, aparentemente neutros, pone a personas de un sexo en desventaja particular con respecto a personas del otro, salvo que dicha disposición, criterio o práctica puedan justificarse objetivamente en atención a una finalidad legítima y que los medios para alcanzar dicha finalidad sean necesarios y adecuados (artículo 6.2. de la Ley Orgánica 3/2007 para la igualdad efectiva de mujeres y hombres). Un ejemplo puede ser establecer como requisito para acceder a un determinado puesto de trabajo, tener una altura de 1,75 m, circunstancia que deja fuera a una gran mayoría de mujeres, facilitando el acceso a los hombres.

El principio de igualdad entre mujeres y hombres supone la **ausencia de toda discriminación, directa o indirecta,** por razón de sexo.

La Ley 15/2022, de 12 de julio, integral para la igualdad de trato y la no discriminación recoge en su artículo 6.1, además de las definiciones de discriminación directa e indirecta, algunos tipos más tales como:

- Discriminación por asociación: se produce cuando una persona o grupo sufre un trato discriminatorio por estar relacionada con otra en la que se da alguna de las causas de discriminación recogidas en el art. 2.1 de la Ley.
- Discriminación por error: aquella que se basa en una apreciación incorrecta de las características del sujeto discriminado.
- Discriminación múltiple: aquella que se produce cuando existe discriminación hacia una persona por varias causas, de las contempladas en la ley, a la vez.
- Discriminación interseccional: cuando la concurrencia de varias causas de discriminación de la ley, originan una tipología nueva.

APLICACIÓN PRÁCTICA

Fran, Javi y Pablo son tres chicos que pertenecen al mismo grupo de amigos. Los tres han visto rechazadas sus solicitudes para pertenecer al equipo de rugby de la facultad. El seleccionador considera que Javi no reúne las condiciones físicas ni mentales necesarias para practicar este deporte por su condición homosexual, y que Fran y Pablo tampoco, por su relación de amistad con él.

¿Qué tipo de discriminación se está desarrollando?

Solución

El tipo de discriminación que se da en este caso es por asociación, es decir, cuando una persona o grupo (grupo de amigos) sufre un trato discriminatorio por estar relacionada con otra persona (Javi) en la que se da alguna de las causas de discriminación contempladas en el artículo 2.1 de la Ley 15/2022 (por razón de su orientación sexual).

4.3. Usos y costumbres

Aunque mediante las leyes y la normativa se trata de erradicar la discriminación entre hombres y mujeres; en la sociedad la realidad es muy diferente, ya que a través de los usos y las costumbres sigue existiendo una situación de desigualdad.

 NOTA

A través de los usos y costumbres se transmiten de generación en generación valores o actitudes que hacen que siga existiendo discriminación entre hombres y mujeres.

Tradicionalmente los hombres han disfrutado de privilegios sociales y esto ha llevado a desarrollar un conjunto de prácticas culturales que les facilitan el acceso a los órganos de toma de decisión, siendo los propios hombres los que mantienen y desarrollan dichas prácticas. No cabe duda que este tipo de actuaciones va cambiando en función del grado de desarrollo de los países y del establecimiento de regímenes democráticos.

 SABÍAS QUE...

En los países en vías de desarrollo y con regímenes autoritarios se establece qué pueden o no hacer las mujeres y se imponen sanciones en el caso de que no se respeten las normas (basadas, en la mayoría de los casos, en costumbres).

En sociedades con mayor desarrollo económico y social, la aplicación de usos y costumbres **suele mantenerse a través de formas más sutiles,** ya que se pasa de la coerción a la persuasión, para conseguir que las mujeres sigan estando a la sombra del hombre.

Este sistema suele trasmitirse de generación en generación, perpetuando esta forma de organización en la educación, la estructura de la familia y en la emisión de estereotipos a través de los medios de comunicación.

5. Políticas y planes de igualdad de oportunidades entre hombres y mujeres

Una manera de conseguir, de forma efectiva la igualdad de oportunidades es mediante la aplicación de políticas, que son aplicadas tanto por las comunidades autónomas, ayuntamientos, así como por otras instituciones y organizaciones, como los sindicatos o empresas privadas.

5.1. Estrategias para una igualdad efectiva

A través de las políticas públicas, tanto a nivel nacional como europeo, se han definido una serie de **estrategias para proporcionar el logro de una igualdad efectiva** entre mujeres y hombres en el terreno laboral. Estas políticas se han centrado en tres ejes fundamentales:

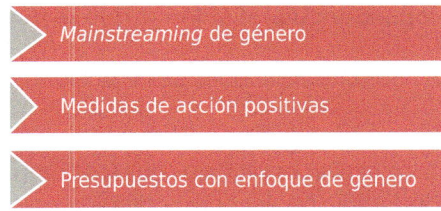

Mainstreaming de género

Medidas de acción positivas

Presupuestos con enfoque de género

A continuación, se analizarán cada una de estas políticas.

Mainstreaming de género

Cuando hablamos de transversalidad de género o *mainstreaming* de género nos referimos a la **implicación de todos los poderes públicos en el avance de la igualdad** entre mujeres y hombres.

Este concepto surgió a partir de 1995 con la IV Conferencia Mundial de Mujeres de Beijing y puede ser entendido desde dos perspectivas:

⮞ Como una estrategia dirigida a involucrar a todos los actores sociales en la consecución de la igualdad de género.
⮞ Como una herramienta que se utiliza para el análisis desde la perspectiva del género.

En definitiva, se podría decir que el *mainstreaming* de género supone la adopción de un enfoque transformador que actúa de forma transversal en los sistemas políticos, con el objetivo de impregnar las políticas de las diversas dimensiones que generan desigualdad. Para ello, el *mainstreaming* se vale de diferentes herramientas y estrategias, como los informes de impacto de género y la generación de estadísticas desagregadas por sexo, e involucra a los Estados en sus diferentes agencias, departamentos o actores sociales que constituyen los sistemas de toma de decisiones.

Medidas de acción positivas

Las acciones positivas son estrategias destinadas a establecer la igualdad de oportunidades por medio de **medidas que permitan contrarrestar o corregir las discriminaciones** que son el resultado de prácticas o sistemas sociales.

Las medidas de acción positiva son temporales y se aplicarán hasta que exista la situación que ha propiciado la desigualdad, además, deben ser **razonables y proporcionadas al objetivo que se persigue.**

Podemos hacer dos clasificaciones de las acciones positivas:

➲ Acciones positivas dirigidas a favorecer a las mujeres el acceso a los recursos en las mismas condiciones que los hombres. Por ejemplo: realizar un curso de formación específica dirigida únicamente a mujeres, que mejoren su incorporación en el mercado laboral. Este tipo de medidas son el punto de partida para reducir desigualdades, pero por sí solas no garantizan resultados.
➲ Acciones positivas que tienen una función correctora, las cuales tienen como objetivo igualar la situación y posición de las mujeres y los hombres. Un ejemplo de esta medida puede ser realizar procesos de selección en una empresa en los que, a igual mérito y capacidad, acceda una persona cuyo sexo esté subrepresentado.

Presupuestos con enfoque de género

Existen múltiples denominaciones para los presupuestos con enfoque de género tales como "presupuestos sensibles al género", "presupuestos de género", "presupuestos de mujeres" y "estados de presupuestos de mujeres". Todos ellos hacen referencia a una serie de herramientas y procesos que persiguen facilitar la evaluación de los impactos de género en los presupuestos generales de los estados.

Tradicionalmente se ha asumido que los presupuestos y políticas públicas por parte de los gobiernos afectan a todos los ciudadanos de una manera más o menos igualitaria, sirviendo al interés público y a las necesidades generales de las personas; no obstante, como se ha comprobado en los datos desagregados por sexo que se han visto anteriormente, **esta aparente neutralidad no es tal.** Las tarifas, las relaciones industriales, los impuestos, la educación, el empleo o la política industrial impactan en las mujeres, debido a su ubicación diferente dentro de la familia y la economía.

Un presupuesto sensible al género toma los compromisos del gobierno en materia de género y los convierte en **compromisos presupuestarios.** El objetivo de los presupuestos sensibles al género es alimentar los debates sobre políticas y asegurar la asignación apropiada del gasto público y los impuestos.

Por su parte, con el nacimiento del **Instituto de la Mujer** en 1983, se pone en marcha una política institucional encaminada a conseguir la igualdad de oportunidades, la cual se concretó en sucesivos **planes para la igualdad** de oportunidades dirigidos a eliminar las diferencias existentes por razón de sexo y las discriminaciones de las mujeres en la sociedad.

 **NOTA**

Los planes de igualdad propiciaron la creación de un marco de referencia donde se indicaban los objetivos que se deben cumplir.

Los planes de igualdad establecen un compromiso de la organización con las personas a las que se destina dicho plan. Parten del análisis de la situación que viven o experimentan las mujeres en diferentes sectores como el rural, la salud, las nuevas tecnologías, la educación, el trabajo... A partir del análisis efectuado se establecen objetivos y se indican medidas a desarrollar en un periodo de tiempo determinado.

DEFINICIÓN

Plan de igualdad

Conjunto ordenado de medidas, adoptadas después de realizar un diagnóstico de situación, tendentes a alcanzar en la empresa la igualdad de trato y de oportunidades entre mujeres y hombres y a eliminar la discriminación por razón de sexo (art. 46 Ley Orgánica 3/2007).

5.2. Empleo

Las políticas de empleo tendrán como uno de sus objetivos prioritarios aumentar la participación de las mujeres en el mercado de trabajo y avanzar en la igualdad efectiva entre mujeres y hombres. Para ello, se **mejorará la empleabilidad y la permanencia en el empleo** de las mujeres, potenciando su nivel formativo y su adaptabilidad a los requerimientos del mercado de trabajo.

El artículo 45 de la Ley Orgánica 3/2007, de 22 de marzo, establece que las empresas están obligadas a respetar la igualdad de trato y de oportunidades en el ámbito laboral y, con esta finalidad, deberán **adoptar medidas dirigidas a evitar cualquier tipo de discriminación laboral** entre mujeres y hombres, medidas que deberán negociar y, en su caso acordar, con los representantes legales de los trabajadores en la forma que se determine en la legislación laboral.

Los artículos 9 y 11 de la Ley 15/2022, de 12 de julio, recogen el derecho a la igualdad de trato y no discriminación tanto en el empleo por cuenta ajena como en el empleo por cuenta propia (autónomo/a).

IMPORTANTE

Empresas de más de cincuenta trabajadores deberán elaborar y aplicar un plan de igualdad (conjunto ordenado de medidas, adoptadas después de realizar un diagnóstico de situación, tendentes a alcanzar en la empresa la igualdad de

Continúa en página siguiente >>

<< Viene de página anterior

trato y de oportunidades entre mujeres y hombres y a eliminar la discriminación por razón de sexo).

Los planes de igualdad fijarán los concretos objetivos de igualdad a alcanzar, las estrategias y prácticas a adoptar para su consecución, así como el establecimiento de sistemas eficaces de **seguimiento y evaluación** de los objetivos fijados.

 **NOTA**

Para la consecución de los objetivos fijados, los planes de igualdad podrán contemplar, entre otras, las materias de acceso al empleo, clasificación profesional, promoción y formación, retribuciones, ordenación del tiempo de trabajo para favorecer, en términos de igualdad entre mujeres y hombres, la conciliación laboral, personal y familiar, y prevención del acoso sexual y del acoso por razón de sexo.

Los planes de igualdad incluirán la totalidad de una empresa, sin perjuicio del establecimiento de acciones especiales adecuadas respecto a determinados centros de trabajo.

5.3. Educación

El sistema educativo incluirá entre sus fines la educación en el respeto de los derechos y libertades fundamentales y en la igualdad de derechos y oportunidades entre mujeres y hombres.

Asimismo, el sistema educativo incluirá, dentro de sus principios de calidad, la eliminación de los obstáculos que dificultan la igualdad efectiva entre mujeres y hombres y el fomento de la igualdad plena entre unas y otros.

 **IMPORTANTE**

El artículo 24 de la Ley Orgánica 3/2007, de 22 de marzo, habla de la integración del principio de igualdad en la política de educación, estableciendo que las Administraciones educativas garantizarán un igual derecho a la educación de mujeres y hombres a través de la integración activa, en los objetivos y en las actuaciones educativas, del principio de igualdad de trato, evitando que, por comportamientos sexistas o por los estereotipos sociales asociados, se produzcan desigualdades entre mujeres y hombres. De igual forma, los artículos 13 y 14 de la Ley 15/2022, de 12 de julio, regulan el derecho a la igualdad de trato y no discriminación en la educación y en la educación no formal.

En concreto, se establece que las Administraciones educativas, en el ámbito de sus respectivas competencias, desarrollarán, con tal finalidad, las siguientes actuaciones:

- La atención especial en los currículos y en todas las etapas educativas al principio de igualdad entre mujeres y hombres, y al derecho de igualdad de trato y no discriminación.
- La eliminación y el rechazo de los comportamientos y contenidos sexistas y estereotipos que supongan discriminación entre mujeres y hombres, con especial consideración a ello en los libros de texto y materiales educativos.
- La integración del estudio y aplicación del principio de igualdad en los cursos y programas para la formación inicial y permanente del profesorado.
- La promoción de la presencia equilibrada de mujeres y hombres en los órganos de control y de gobierno de los centros docentes.
- La cooperación con el resto de las Administraciones educativas para el desarrollo de proyectos y programas dirigidos a fomentar el conocimiento y la difusión, entre las personas de la comunidad educativa, de los principios de coeducación y de igualdad efectiva entre mujeres y hombres.
- El establecimiento de medidas educativas destinadas al reconocimiento y enseñanza del papel de las mujeres en la historia.

5.4. Salud

Tanto los hombres como las mujeres afrontan problemas de salud, en su mayoría semejantes, pero también existen diferencias que deben ser consideradas y que repercuten sobre todo al sexo femenino.

El artículo 27, de la Ley Orgánica 3/2007, de 22 de marzo, trata la integración del principio de igualdad en la política de salud y el principio de igualdad de trato entre hombres y mujeres, impidiendo que por sus diferencias biológicas o por los estereotipos sociales asociados se produzcan discriminaciones. En concreto, el citado artículo determina que las Administraciones Públicas a través de sus servicios de salud y de los órganos competentes en cada caso, desarrollen, de acuerdo con el principio de igualdad de oportunidades, las siguientes actuaciones:

- ⮑ La adopción sistemática, dentro de las acciones de educación sanitaria, de iniciativas destinadas a favorecer la promoción específica de la salud de las mujeres, así como a prevenir su discriminación.
- ⮑ El fomento de la investigación científica que atienda las diferencias entre mujeres y hombres en relación con la protección de su salud, especialmente en lo referido a la accesibilidad y el esfuerzo diagnóstico y terapéutico, tanto en sus aspectos de ensayos clínicos como asistenciales.
- ⮑ La consideración, dentro de la protección, promoción y mejora de la salud laboral, del acoso sexual y el acoso por razón de sexo.
- ⮑ La integración del principio de igualdad en la formación del personal al servicio de las organizaciones sanitarias, garantizando en especial su capacidad para detectar y atender las situaciones de violencia de género.
- ⮑ La presencia equilibrada de mujeres y hombres en los puestos directivos y de responsabilidad profesional del conjunto del Sistema Nacional de Salud.
- ⮑ La obtención y el tratamiento desagregados por sexo, siempre que sea posible, de los datos contenidos en registros, encuestas, estadísticas u otros sistemas de información médica y sanitaria.

 SABÍAS QUE...

Con el objetivo de promover el principio de igualdad de oportunidades en las políticas sanitarias, el Instituto de las Mujeres promueve un programa de salud, que se potencia tanto en los ámbitos centrales como en los autonómicos.

Por su parte, la Ley 15/2022 de 12 de julio, desarrolla en su artículo 15 el derecho a la igualdad de trato y no discriminación en el ámbito de la atención sanitaria. Su objetivo es garantizar que no exista discriminación en el acceso a los servicios y prestaciones sanitarias.

6. Legislación relativa a la igualdad de oportunidades

Desde la entrada en vigor del Tratado de Ámsterdam, el 1 de mayo de 1999, la igualdad entre mujeres y hombres y la eliminación de las desigualdades entre unas y otros son un objetivo que debe integrarse en todas las políticas y acciones de la Unión Europea y de sus países miembros.

El marco normativo y las políticas realizadas por la Unión Europea han sentado las bases para el desarrollo de las medidas en materia de igualdad adoptadas en España. Al igual que el resto de los Estados miembros de la Unión Europea, España ha ido adaptando y realizando la **trasposición de todas las Directivas y recomendaciones europeas** aprobadas en el ámbito de la igualdad de oportunidades.

NOTA

En España se desarrollan políticas públicas en materia de igualdad desde el gobierno central y desde los gobiernos autonómicos o locales.

Sin embargo, se debe tener en cuenta que antes de que España se incorporara a la Unión Europea ya se había tenido en consideración el concepto de igualdad; en concreto en la Constitución se hace mención a dicha cuestión en varios artículos:

Artículos relacionados con la Igualdad de oportunidades recogidos en la Constitución Española

Artículo 1.1	España se constituye en un Estado social y democrático de Derecho, que propugna como valores superiores de su ordenamiento jurídico la libertad, la justicia, la igualdad y el pluralismo político.

Continúa en página siguiente >>

<< Viene de página anterior

Artículos relacionados con la Igualdad de oportunidades recogidos en la Constitución Española

Artículo 9.2	Corresponde a los poderes públicos promover las condiciones para que la libertad y la igualdad del individuo y de los grupos en que se integra sean reales y efectivas; remover los obstáculos que impidan o dificulten su plenitud y facilitar la participación de todos los ciudadanos en la vida política, económica, cultural y social.
Artículo 10.1	La dignidad de la persona, los derechos inviolables que le son inherentes, el libre desarrollo de la personalidad, el respeto a la ley y a los derechos de los demás son fundamento del orden político y de la paz social.
Artículo 14	Los españoles son iguales ante la ley, sin que pueda prevalecer discriminación alguna por razón de nacimiento, raza, sexo, religión, opinión o cualquier otra condición o circunstancia personal o social.
Artículo 23	Los ciudadanos tienen el derecho a participar en los asuntos públicos, directamente o por medio de representantes, libremente elegidos en elecciones periódicas por sufragio universal. Asimismo, tienen derecho a acceder en condiciones de igualdad a las funciones y cargos públicos, con los requisitos que señalen las leyes.
Artículo 32.1	El hombre y la mujer tienen derecho a contraer matrimonio con plena igualdad jurídica.
Artículo 35	Todos los españoles tienen el deber de trabajar y el derecho al trabajo, a la libre elección de profesión u oficio, a la promoción a través del trabajo y a una remuneración suficiente para satisfacer sus necesidades y las de su familia, sin que en ningún caso pueda hacerse discriminación por razón de sexo. La ley regulará un estatuto de los trabajadores.
Artículo 39.2	Los poderes públicos aseguran, asimismo, la protección integral de los hijos, iguales estos ante la ley con independencia de su filiación, y de las madres, cualquiera que sea su estado civil. La ley posibilitará la investigación de la paternidad.
Artículo 139.1	Todos los españoles tienen los mismos derechos y obligaciones en cualquier parte del territorio del Estado.
Artículo 149.1 .1.ª	El Estado tiene competencia exclusiva sobre la regulación de las condiciones básicas que garanticen la igualdad de todos los españoles en el ejercicio de los derechos y en el cumplimiento de los deberes constitucionales.

SABÍAS QUE...

La Constitución de 1978 fue el punto de partida para que la legislación española garantizara el mismo trato a mujeres y hombres. Antes de su aprobación, las leyes españolas establecían la dependencia absoluta de la mujer hacia el hombre.

- -

La normativa nacional más importante sobre la materia es la **Ley Orgánica 3/2007, de 22 de marzo,** que hace hincapié en que la igualdad debe convertirse en un principio del ordenamiento jurídico, debiendo aplicarse de forma transversal en todos los ámbitos de la vida. El objetivo de esta es hacer efectivo el **derecho de igualdad de trato y de oportunidades** entre mujeres y hombres, mediante la eliminación de la discriminación de la mujer, sea cual fuere su circunstancia o condición, en cualesquiera de los ámbitos de la vida y, singularmente, en las esferas política, civil, laboral, económica, social y cultural para alcanzar una sociedad más democrática, más justa y más solidaria.

IMPORTANTE

Todas las personas gozarán de los derechos derivados del principio de igualdad de trato y de la prohibición de discriminación por razón de sexo.

- -

Además de esta normativa, en España se han publicado diferentes textos legales cuyo objetivo es conseguir la igualdad de oportunidades; estas son:

- **Estatuto de los Trabajadores:** en él se recogen diversas medidas que fomentan la igualdad de oportunidades en el ámbito laboral, en concreto se establece el principio de no discriminación por razón de sexo en las relaciones laborales y se establecen medidas para favorecer la igualdad en las remuneraciones.
- **Ley Orgánica 1/2004, de 28 de diciembre, de medidas de protección integral contra la violencia de género:** para luchar contra la violencia de género se aprueba esta ley; se ampara en el ámbito de Naciones Unidas y supone un gran avance en la lucha por la eliminación de la violencia y del trato discriminatorio que sufren muchas mujeres, desarrollando medidas preventivas, de intervención o protección.

- **Real Decreto-ley 6/2019, de 1 de marzo, de medidas urgentes para garantía de la igualdad de trato y de oportunidades entre mujeres y hombres en el empleo y la ocupación:** las medidas aprobadas por esta norma tienen el objetivo de garantizar la efectividad de la igualdad de trato y de oportunidades entre mujeres y hombre en el empleo y la ocupación, así como asegurar la corresponsabilidad de la vida personal, familiar y laboral entre hombres y mujeres. Tiene por objeto hacer efectivo el principio de igualdad de trato y de oportunidades entre mujeres y hombres, en particular mediante la eliminación de toda discriminación, directa e indirecta, a las mujeres. Se trata de una ley pionera en el desarrollo legislativo de los derechos de igualdad de género en España.
- **Real Decreto 901/2020, de 13 de octubre, por el que se regulan los planes de igualdad y su registro:** es el desarrollo de los planes de igualdad, su diagnóstico y las obligaciones de registro, depósito y acceso de los mismos, siguiendo lo señalado en la Ley Orgánica 3/2007, de 22 de marzo, para la igualdad efectiva de mujeres y hombres y en las previsiones contendidas en los art. 17.5 y 85.2 del ET, sin perjuicio de lo que dispongan los respectivos convenios colectivos.
- **Real Decreto 902/2020, de 13 de octubre, de igualdad retributiva entre mujeres y hombres:** integra la transparencia salarial en las empresas y en los convenios, además de garantizar un elemento clave: el derecho a la información retributiva, que facilita conocer la situación real de las empresas en cuanto a retribuciones, la existencia de diferencias retributivas y los motivos de las mismas, pudiéndose proponer así medidas acordes con la situación a corregir.

  Para alcanzar estos objetivos, articula el funcionamiento del registro salarial, así como de las auditorías salariales, obligatorias en aquellas empresas que tengan plan de igualdad. La finalidad de este real decreto es establecer medidas específicas en cada empresa para hacer efectivo el derecho a la igualdad de trato y a la no discriminación entre mujeres y hombres en materia retributiva.
- **Ley Orgánica 8/2021, de 4 de junio, de protección integral a la infancia y la adolescencia frente a la violencia:** esta ley tiene por objeto "garantizar los derechos fundamentales de los niños, niñas y adolescentes a su integridad física, psíquica, psicológica y moral frente a cualquier forma de violencia, asegurando el libre desarrollo de su personalidad y estableciendo medidas de protección integral, que incluyan la sensibilización, la prevención, la detección precoz, la protección y la reparación del daño en todos los ámbitos en los que se desarrolla su vida".
- **Ley Orgánica 2/2022, de 21 de marzo, de mejora de la protección de las personas huérfanas víctimas de la violencia de género:** esta ley tiene por objeto eliminar las normativas que no son claras y los obstáculos a los que se enfrentan las personas huérfanas de la violencia de género, para corregir su situación de extrema vulnerabilidad a la que se ven abocadas.

Es por ello, que se articulan distintas modificaciones normativas relacionadas con esta situación.

- **Ley 15/2022, de 12 de julio, integral para la igualdad de trato y la no discriminación:** esta normativa persigue garantizar y promover el derecho a la igualdad de trato y no discriminación, así como el respeto a la igualdad de la dignidad de las personas.
- **Ley Orgánica 6/2022, de 12 de julio, complementaria de la Ley 15/2022, de 12 de julio, integral para la igualdad de trato y la no discriminación, de modificación de la Ley Orgánica 10/1995, de 23 de noviembre, del Código Penal:** esta ley se publica para cumplir con la Disposición Final de la Ley 15/2022 de 12 de julio, de modificación de los artículos 22 (circunstancias que agravan la responsabilidad criminal) y 510 apartados 1 y 2 (penas de prisión por delitos en el ejercicio de derechos fundamentales y libertades públicas) del Código Penal.
- **Ley Orgánica 10/2022, de 6 de septiembre, de garantía integral de la libertad sexual:** la finalidad de esta norma legal es garantizar y proteger, de una forma integral, el derecho a la libertad sexual y la eliminación de cualquier forma de violencia sexual.
- **Ley 4/2023, de 28 de febrero, para la igualdad real y efectiva de las personas trans y para la garantía de los derechos de las personas LGTBI:** el fin de esta norma es *garantizar y promover el derecho a la igualdad real y efectiva de las personas lesbianas, gais, trans, bisexuales o intersexuales, así como de sus familias.* Las líneas de actuación son la aplicación de principios; la regulación de derechos y deberes; la prevención, corrección y eliminación de cualquier forma de discriminación; y el fomento de la participación de las personas LGBTI en todos los ámbitos de la vida.
- **Ley Orgánica 2/2024, de 1 de agosto, de representación paritaria y presencia equilibrada de mujeres y hombres:** esta normativa sienta las bases para conseguir avanzar en el ejercicio real y efectivo del principio de igualdad y el de presencia o composición equilibrada que exige una representación paritaria en ciertos órganos y ámbitos, sobre todo político y económico. Con este objetivo, la ley regula un conjunto de cambios en el ordenamiento legislativo de nuestro país.

7. El sexismo en la comunicación humana

Históricamente el uso androcéntrico del lenguaje ha invisibilizado a las mujeres y las imágenes en los medios de comunicación han producido y reproducido los estereotipos de género sexistas.

La sociedad es bombardeada constantemente con los mensajes que envían los medios de comunicación, que dictan cómo deben ser las personas según su sexo, imponiendo modelos estereotipados.

IMPORTANTE

Hoy en día los medios de comunicación juegan un papel destacado en el intercambio de información entre las personas. Por ello, es necesario que mediante estos se pueda sensibilizar a la población de que es necesario llegar a una igualdad real y completa, mostrando a la mujer como una más, eliminando las situaciones de discriminación y equiparando a hombres y mujeres.

- -

El derecho a la igualdad parte de la idea de que no es posible la libertad de la persona sin igualdad, por eso se debe tener clara la premisa de que **las mujeres como ciudadanas deben ser tan libres como los hombres,** tanto en la toma de decisiones como en el ejercicio de papeles sociales y políticos.

Para conseguir alcanzar la igualdad y el reconocimiento a la libertad de la mujer es fundamental que se realicen reformas y se lleven a cabo medidas que garanticen la educación en las mismas condiciones a ambos sexos, ya que ofrecer igualdad en la educación es imprescindible para que tanto mujeres como hombres puedan desarrollarse y crecer individualmente y dentro de la sociedad, y así conseguir un reparto de tareas justo y equitativo que conlleve a la plena igualdad.

NOTA

Es necesario conocer estrategias para el uso de un lenguaje no sexista e inclusivo y el tratamiento de imágenes no sexistas: son la forma de visibilizar a las mujeres, fomentar el desarrollo de nuevos modelos más igualitarios y realizar intervenciones sensibles al lenguaje y las imágenes.

- -

7.1. Comunicación humana y cultura

El proceso por el que se transmite información entre individuos, se expresan pensamientos y sentimientos es lo que conocemos como comunicación.

Mediante la comunicación el ser humano **aprende y se relaciona,** es decir, vive en sociedad transmitiendo mensajes y experiencias, utilizando para ello unos códigos específicos que facilitan la comprensión de lo que se desea comunicar y un canal o soporte material por el que circula el mensaje.

A la hora de transmitir un mensaje o una información tiene tanta importancia la comunicación verbal (el lenguaje hablado) como la comunicación no verbal (lenguaje escrito, las imágenes, gestos o expresiones artísticas).

 IMPORTANTE

El medio utilizado para comunicarnos y relacionarnos es el lenguaje, el cual se considera un instrumento fundamental para las personas, siendo el vehículo que nos permite transmitir el sistema de valores, comportamientos y papeles que diferencian a hombres y mujeres, y a los grupos, en referencia a sus funciones sociales.

El lenguaje es considerado como un **agente de socialización de género,** mediante el cual se puede identificar qué es femenino y qué es masculino. A través del lenguaje las personas aprendemos y adquirimos valores que nos ayudan a percibir la realidad de acuerdo con la sociedad en la que nos encontramos y en la que nos desarrollamos.

 SABÍAS QUE...

A través del lenguaje se pueden emitir y reproducir prejuicios, así como establecer imágenes estereotipadas que implican situaciones de desigualdad o discriminación.

Aprender una lengua conlleva adquirir un conjunto de **conocimientos, valores y prejuicios** que configuran las actitudes y los estereotipos que se construyen en una sociedad. Las relaciones que se dan entre las personas, mujeres y hombres se muestran en el lenguaje; este contribuye a que dichas relaciones continúen o cambien.

El lenguaje es transmitido de generación en generación, por ello se considera una herencia cultural. Sin embargo, es un sistema que evoluciona y representa la realidad de cada momento.

7.2. La imagen de las mujeres en la publicidad

Hoy en día, la publicidad es uno de los medios de comunicación con más **poder de persuasión** que existen, ya que los mensajes que transmiten influyen en la sociedad. Mediante la publicidad se da a conocer un producto o servicio, pero no solo se resaltan las características de este, sino que se reflejan estilos de vida y necesidades, a través de los mensajes publicitarios.

Tradicionalmente, la publicidad recurre a estereotipos para transmitir sus mensajes, diferenciando entre funciones que desempeñan los hombres y funciones que desempeñan las mujeres, siendo estas compartidas por ambos.

 **NOTA**

La publicidad propicia las diferencias entre roles de género, dirige a los hombres mensajes vinculados con el ocio y el éxito profesional y transmite para las mujeres situaciones donde aparecen cuidando de la familia, el hogar o de su propio cuerpo.

La publicidad se basa en imágenes para transmitir el mensaje y atraer la atención del público, dando una imagen de las mujeres que nada tiene que ver con la realidad.

IMPORTANTE

Los anuncios tienen una gran influencia en la ciudadanía, no solo se venden productos, sino que ayudan a construir una identidad sociocultural, fomentan o silencian ideologías, y persuaden a las personas a que tengan determinados hábitos o realicen ciertas conductas.

De conformidad con lo establecido en la Ley 34/1988, de 11 de noviembre, General de Publicidad, se considera **publicidad ilícita** aquella que atente contra la dignidad de la persona o vulnere los valores y derechos reconocidos en la Constitución, especialmente en lo que se refiere a la infancia, la juventud y la mujer, y aquella publicidad que promueva la gestación por sustitución.

Otro concepto de publicidad ilícita se desarrolla en el artículo 22.3 de la Ley 15/2022 de 12 de julio, en el que se recoge que tiene tal consideración la comunicación publicitaria comercial o institucional que integre aspectos discriminatorios según las causas establecidas en dicha ley. Asimismo, el artículo 11.1 de la Ley Orgánica 10/2022 de 6 de septiembre, considera ilícita "la publicidad que utilice estereotipos de género que fomenten o normalicen las violencias sexuales contra las mujeres, niñas, niños y adolescentes, así como las que supongan promoción de la prostitución...".

Por lo tanto, se considerará **publicidad sexista** los anuncios que presenten a las mujeres de forma vejatoria o discriminatoria, los que tengan por objeto utilizar el cuerpo de la mujer de una forma desvinculada del producto que se pretende anunciar o aquellos que transmitan una imagen asociada a comportamientos estereotipados.

DEFINICIÓN

Publicidad sexista
Publicidad que no muestra una situación real de las mujeres, determina situaciones de desigualdad, subordinación ante los hombres, toma a la mujer como referente de belleza, objeto sexual o ama de casa.

En la actualidad, se ha avanzado bastante en la eliminación del sexismo en la publicidad y medios de comunicación, pero no desaparece. Las muestras de sexismo en los anuncios no son tan evidentes como años atrás, pero se siguen reproduciendo roles no igualitarios. Inconscientemente asumimos determinadas formas de actuar y vemos normal determinados comportamientos que fomentan la desigualdad social de las mujeres, pero que son muy difíciles de identificar.

7.3. Alternativas para una comunicación verbal no sexista

En nuestra forma de comunicarnos adoptamos, de forma casi inconsciente, un modo de hablar **androcentista,** donde todo gira en torno a lo masculino, y lo femenino queda relegado a un segundo plano.

Nuestro lenguaje está plagado de palabras o expresiones que discriminan a la mujer, por ello es importante utilizar el lenguaje como un instrumento para alcanzar y conseguir la igualdad de género.

 **DEFINICIÓN**

Lenguaje no sexista
Es aquel que no excluye ni valora más a un género o a otro. El lenguaje no sexista muestra a las mujeres y a los hombres de igual forma, evitando expresiones que discriminen o infravaloren a las mujeres.

En definitiva el lenguaje no sexista hace visibles a los hombres y a las mujeres, valora por igual a ambos sexos, incluye a todas las personas por igual y no confunde al transmitir el mensaje.

 SABÍAS QUE...

El lenguaje como tal no es sexista, son las personas las que con el uso que hacen del lenguaje lo convierten en sexista o no.

El lenguaje es muy rico, tenemos un vocabulario amplio que permite que la comunicación no sea sexista. A continuación, podemos ver la diferencia de utilizar correctamente los recursos lingüísticos o no usarlos adecuadamente, comparando cuándo se refleja un lenguaje sexista o no sexista:

Recursos	Uso sexista	Uso no sexista
Uso de genéricos: hay palabras que tienen género gramatical masculino y se refieren tanto a hombres como a mujeres y otras que tienen género gramatical femenino que se refieren a mujeres y hombres. Por ello, se puede utilizar la figura de palabras genéricas que representan tanto a los hombres como a las mujeres.	- Los profesores del centro. - Los trabajadores de la empresa. - Los médicos realizaron correctamente su labor.	- El profesorado del centro. - La plantilla de la empresa. - El personal médico realizó correctamente su labor.
Uso de palabras abstractas: se suelen nombrar a los cargos o profesiones de forma genérica como si todas las personas que ejercen dichas profesiones sean hombres; para no invisibilizar a las mujeres se suele acudir a palabras abstractas o bien se puede poner la palabra "persona" con la finalidad de evitar las expresiones sexistas.	- Los profesores del instituto son buenos profesionales. - Los usuarios podrán acudir a la oficina de atención al cliente.	- El profesorado del instituto es profesional. - Las personas usuarias podrán acudir a la oficina de atención al cliente.
Uso de pronombres: cuando se desconoce el sexo de la persona a la que nos queremos dirigir se pueden utilizar pronombres como "quien" o "quienes". Cuando nos referimos a algo en sentido universal, podemos utilizar los pronombres: nos, nuestro/a, nuestros/as.	- El coordinador será invitado al evento. - El abajo firmante. - El agua es vital para el bienestar del hombre.	- Quien coordine será invitado al evento. - Quien abajo firma. - El agua es vital para el bienestar de la humanidad.
Usar dobles formas: utilizar tanto el término femenino como el masculino proporciona visibilidad a las mujeres y a los hombres.	- Los alumnos del centro acaban las clases la semana próxima. - Los señores deberán ir vestidos con uniformes.	- Los alumnos y alumnas del centro acaban las clases la semana próxima. - Los señores y las señoras deberán ir vestidos con uniformes.

Continúa en página siguiente >>

<< Viene de página anterior

Recursos	Uso sexista	Uso no sexista
Uso de artículos: se utilizan los artículos con la finalidad de diferenciar a los dos sexos sin repetir el sustantivo.	- Los niños jugarán en el patio. - Los deportistas entrenarán esta tarde.	- Los y las niñas jugarán en el patio. - Las y los deportistas entrenarán esta tarde.
Nombres neutros: se puede llevar a cabo un lenguaje no sexista sin necesidad de utilizar palabras femeninas y masculinas o de utilizar artículos de referencia para ambos sexos, ya que existe la posibilidad de utilizar sustantivos neutros que incluyan a los hombres y a las mujeres.	- Los taxistas deben conducir más despacio y por su carril.	- Taxistas deben conducir más despacio y por su carril.
Evitar el sujeto, sustituyéndolo por estructura con "se": de esta forma se puede omitir la referencia directa al sujeto sin que afecte al mensaje, ni provoque ambigüedad.	- El alumno deberá rellenar el examen atendiendo a los criterios indicados.	- Se deberá rellenar el examen atendiendo a los criterios indicados.
Utilización de la forma imperativa	- El interesado debe enviar la solicitud en el plazo indicado.	- Envíe la solicitud en el plazo indicado.
Uso de la barra (/), guion (-) o paréntesis (o/a): el uso de estos símbolos es una alternativa para no excluir a ningún sexo. Además, puede ser una buena alternativa a utilizar en documentos o formularios donde la redacción es en masculino.	- Don.... - Estimado.... - Los chicos van a una fiesta.	- Don/Doña.... - Estimado (a).... - Los chicos-as van a una fiesta.
Uso de la arroba (@): actualmente y con el impulso de las nuevas tecnologías cada vez más se utiliza este símbolo para incluir a los dos sexos cuando se redacta un texto.	- Los maestros tienen una importante responsabilidad.	- Los maestr@s tienen una importante responsabilidad.

8. Resumen

La igualdad entre mujeres y hombres debe entenderse como una equiva-lencia entre personas, puesto que todos los seres humanos tienen el mismo valor, independientemente de su sexo, y por ello deben tener las mismas posibilidades.

Aunque cada vez son más las herramientas de las que dispone la sociedad para reivindicar los derechos de la mujer y la igualdad de oportunidades, todavía existen prácticas bastante arraigadas, incluso en sociedades desarrolladas, como son el machismo y la visión tradicional que proporciona un sistema patriarcal, las cuales dificultan un desarrollo pleno de la mujer.

Para conseguir que exista una igualdad real, los poderes públicos deben participar de forma activa y deben establecer planes o políticas de actuación para conseguir un reparto equitativo de tareas y tiempos entre mujeres y hombres, llegando de esa forma a una igualdad real.

Las políticas de igualdad de oportunidades consisten en una serie de medidas que ponen en marcha las instituciones públicas para eliminar y superar los obstáculos que imposibilitan la total participación de las mujeres en la sociedad y persiguen convertir la igualdad reconocida legalmente en una situación real y efectiva para todos los individuos.

Con estas políticas se pretende garantizar que tanto las mujeres como los hombres puedan participar en igualdad de condiciones en el ámbito social, económico, político, educativo, cultural y de empleo, buscando beneficiar el desarrollo y progreso de la sociedad a la que pertenecen.

Para ello, es necesario desarrollar políticas y planes de igualdad de oportunidades en los siguientes ámbitos:

Tradicionalmente el lenguaje ha invisibilizado a las mujeres y los medios de comunicación han contribuido a reproducir los estereotipos de género arraigados en la sociedad, provocando una imagen sexista de la mujer. Poco a poco, eso va cambiando, pero aún continúa presente la cultura androcentrista, tanto en el sistema educativo como en los medios de comunicación.

Para poder terminar definitivamente con esta situación, es necesario que tanto los hombres como las mujeres conozcan las estrategias y los recursos que nuestra lengua posee, para evitar una comunicación sexista y un lenguaje que discrimine o excluya a las mujeres.

Ejercicios de autoevaluación
Unidad de Aprendizaje 1

1. El sistema de organización social que pone de manifiesto diferencias claras y jerarquizadas entre los papeles que desempeñan en la sociedad los hombres y las mujeres, se denomina...

    a. ... machismo.
    b. ... feminismo.
    c. ... patriarcado.
    d. ... sororidad.

2. ¿Qué es el techo de cristal?

    a. Hace referencia a la capacidad de compatibilizar el trabajo remunerado con el trabajo doméstico.
    b. Es la diferencia que existe entre el salario que cobran las mujeres y los hombres.
    c. Hace referencia al obstáculo que tienen las mujeres cuando quieren ascender laboralmente.
    d. Hace referencia a los objetivos que deben cumplir las mujeres en las empresas, normalmente son más complejos que los que se marcan a los hombres.

3. Identifica si las siguientes afirmaciones son verdaderas o falsas.

    a. La discriminación indirecta es aquella en la que se encuentra una persona que haya sido o pudiera ser tratada, en atención a su sexo, de manera menos favorable que otra en situación comparable.

      ■ Verdadero
      ■ Falso

    b. Debido a los usos y costumbres sociales, la sociedad no hace todo lo que está en su mano para erradicar la discriminación entre hombres y mujeres.

      ■ Verdadero
      ■ Falso

c. Se considera publicidad ilícita a los anuncios que presenten a las mujeres de forma vejatoria o discriminatoria, los que tengan por objeto utilizar el cuerpo de la mujer de una forma desvinculada del producto que se pretende anunciar o aquellos que trasmitan una imagen asociada a comportamientos estereotipados.

- Verdadero
- Falso

El empleo y otros ámbitos para la igualdad de oportunidades

Contenido

Objetivo

El objetivo general de esta Unidad de Aprendizaje es:

→ Analizar el impacto de género teniendo en cuenta el análisis sobre los resultados y efectos de las normas y políticas públicas, con el objetivo de identificar, prevenir y evitar la producción o el incremento de las desigualdades de género.

Los objetivos específicos de esta Unidad de Aprendizaje son:

→ Enumerar medidas de acción positiva que favorezcan la promoción profesional de las mujeres.

→ Analizar las medidas sobre la conciliación personal y laboral.

1. Introducción

Es a partir de la segunda mitad del siglo XX y a través del desarrollo del **Estado de Bienestar** cuando empiezan a surgir políticas para conseguir la igualdad entre hombres y mujeres en el ámbito laboral.

Tradicionalmente el mercado laboral estaba oculto para las mujeres, por ello ha sido necesario establecer programas o políticas de discriminación positiva, basadas en aumentar el acceso al trabajo a las mujeres y en desarrollar una legislación que persiga la igualdad de oportunidades, prohibiendo cualquier tipo de discriminación en el trabajo por razón de sexo.

Aunque se han realizado grandes progresos en la incorporación de las mujeres al trabajo, todavía siguen existiendo desigualdades, que pueden verse al analizar las diferencias salariales entre hombres y mujeres, la tasa de desempleo femenina, la segregación profesional o la limitación al desarrollo profesional.

2. Conceptos básicos del mercado laboral: población, oferta y demanda, segregación...

En un mercado laboral muy exigente, hombres y mujeres **no acceden al empleo en igualdad de condiciones.** La división sexual del trabajo sigue situando a las mujeres en las tareas del hogar y al hombre en el empleo formal. Aunque actualmente esta división sexual no es tan rígida, sigue habiendo grandes diferencias en la promoción de las mujeres, como se puede observar en la escasa presencia femenina en los puestos de alta dirección.

El mercado de trabajo es el lugar donde podemos encontrar tanto oferta como demanda de empleo.

 DEFINICIÓN

Mercado de trabajo
Es donde se produce la relación entre las personas que buscan trabajo remunerado por cuenta ajena (demanda) y las empresas o empleadores/as que ofrecen un trabajo (oferta).

- -

El buen funcionamiento del mercado de trabajo es importante para cualquier país, ya que de ello va a depender el **crecimiento económico** del mismo y el **nivel de empleo de la población.**

Para realizar una aproximación completa al mercado laboral será necesario conocer los conceptos básicos que se relacionan en él.

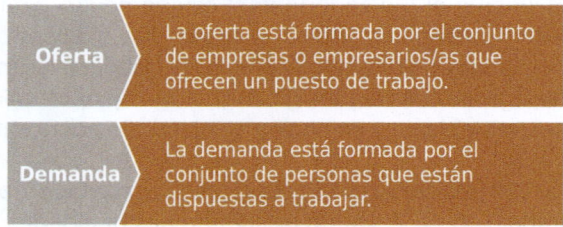

| Oferta | La oferta está formada por el conjunto de empresas o empresarios/as que ofrecen un puesto de trabajo. |
| Demanda | La demanda está formada por el conjunto de personas que están dispuestas a trabajar. |

El mercado de trabajo funciona de forma compleja y es el salario la variable principal, ya que influye tanto en la demanda como en la oferta.

NOTA

Las empresas pagarán un salario en función de la productividad que aporten sus trabajadores/as y del margen de beneficios que quieran obtener; los/as trabajadores/as, a su vez, rendirán en mayor o menor medida, dependiendo del salario recibido.

El conjunto de las personas que se encuentran en un determinado lugar (por ejemplo país o zona geográfica determinada) es lo que se conoce como población. Este concepto debe tenerse en cuenta cuando se analiza el mercado de trabajo, ya que el entorno laboral debe diferenciar entre la población que está **activa** y la que está **inactiva.**

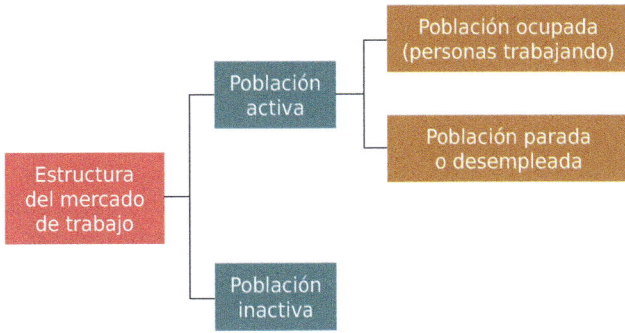

En concreto, son varios los tipos de población que intervienen en el mercado laboral, tal y como podemos ver a continuación.

Tipo de población	Definición
Población activa	Son los habitantes de una determinada zona geográfica que están en edad de trabajar y, o bien desempeñan un trabajo remunerado (sea por cuenta propia o por cuenta ajena) o se encuentran buscando empleo.
Población ocupada	Son los habitantes de una determinada zona geográfica en edad de trabajar que desempeñan un trabajo remunerado, ya sea por cuenta propia o por cuenta ajena.
Población parada o desempleada	Son los habitantes de una determinada zona geográfica en edad de trabajar, que no trabajan pero quieren hacerlo y se encuentran buscando empleo.
Población inactiva	Son los habitantes de una determinada zona geográfica que no trabajan. Dentro de este tipo de población nos podemos encontrar con: - Personas que se ocupan de su hogar: personas que, sin ejercer ninguna actividad económica se dedican a cuidar sus propios hogares; por ejemplo, amas de casa y otros familiares que se encargan del cuidado de la casa y de los niños. - Estudiantes: personas que, sin ejercer ninguna actividad económica, reciben una instrucción sistemática en cualquier grado de educación.

Continúa en página siguiente >>

<< Viene de página anterior

Tipo de población	Definición
Población inactiva	- Jubilados o prejubilados: personas que han tenido una actividad económica anterior y que por edad u otras causas la han abandonado, percibiendo una pensión (o unos ingresos de prejubilación) con motivo de su actividad anterior. - Personas que perciben una pensión distinta de la de jubilación y de prejubilación. - Personas que realizan sin remuneración trabajos sociales, actividades de tipo benéfico, etc., (excluidas las que son ayudas familiares). - Incapacitados para trabajar. - Otra situación: personas que, sin ejercer ninguna actividad económica, reciben ayuda pública o privada, y todas aquellas que no estén incluidas en ninguna de las categorías anteriores, por ejemplo los rentistas.

Además, existen otros conceptos que tienen como referencia los distintos tipos de población explicados y que afectan a las fluctuaciones o movimientos del mercado laboral; estos son los siguientes:

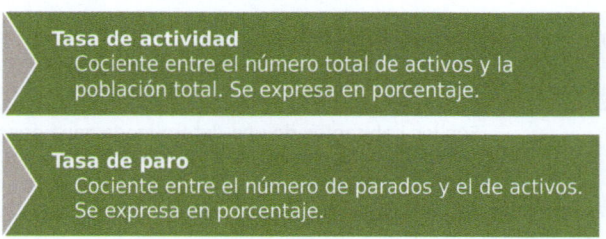

Tasa de actividad
Cociente entre el número total de activos y la población total. Se expresa en porcentaje.

Tasa de paro
Cociente entre el número de parados y el de activos. Se expresa en porcentaje.

Otro concepto a destacar es el de segregación.

DEFINICIÓN

Segregación laboral por género
Supone la existencia de un mercado de trabajo que se encuentra organizado en base a puestos de trabajo de definición masculina y femenina.

Esta situación tiene como consecuencia, en base a las teorías de diferentes autores (Blau y Khan, 1997; Amuedo-Dorantes y De la Rica, 2006), la **concentración del empleo femenino en determinados puestos de trabajo,** hecho que repercute negativamente sobre la propia productividad y contribuye a la explicación de las diferencias salariales por motivos de género. Según Rubery, Fagan y Maier (1997), la propia existencia de la segregación laboral puede **condicionar las decisiones laborales de las mujeres,** reduciendo sus niveles de participación y empleo, al inferirse unos menores rendimientos asociados a su trabajo.

En concreto, se pueden diferenciar dos tipos de segregación laboral las cuales son:

Segregación horizontal	Segregación vertical
La segregación horizontal muestra como las mujeres son mayoría en los servicios personales y pequeña minoría en el sector de la construcción y la energía. Este sector es el más reacio a la participación de mujeres, donde la mayoría están empleadas en trabajos administrativos, contables, de dibujo y restauración.	La segregación vertical muestra como según se asciende a categorías laborales de mayor responsabilidad, desciende el número de mujeres. Esta discriminación vertical se puede observar no solo en las categorías laborales, sino también en todo el mercado laboral.

 **NOTA**

La segregación ocupacional horizontal se refiere a los sectores que están feminizados o masculinizados; la segregación vertical es la baja representación de mujeres en los niveles jerárquicos superiores, en los puestos de mayor responsabilidad en la toma de decisiones y que se representa a través del techo de cristal.

3. Factores que influyen en la contratación laboral de hombres y mujeres

Cuando una empresa necesita contratar a un trabajador para cubrir un puesto de trabajo, necesitará conocer las **cualidades que tiene el futuro**

candidato o candidata y su situación personal, familiar y socioeconómica, para ver en qué medida puede condicionar su trabajo y afectar a su rendimiento en la empresa.

Tal y como establece la *Guía de buenas prácticas, hacia el equilibrio de la vida profesional, personal y familiar (2021),* hay una serie de factores que impiden desarrollar el concepto de conciliación, situación que dificulta que la situación laboral de las mujeres sea en igualdad de condiciones que la de los hombres.

NOTA

Teóricamente, las empresas deben valorar los mismos factores a la hora de contratar a mujeres y a hombres, teniendo en cuenta la importancia de la conciliación entre la vida laboral, personal y familiar.

En concreto los factores más importantes que influyen en la contratación laboral de hombres y mujeres son los siguientes:

- ⮞ **Edad:** independientemente de si la persona que se va a contratar es hombre o mujer, es importante conocer la edad del futuro trabajador/a, ya que dependiendo de la misma las condiciones de la relación laboral pueden cambiar. Este factor puede condicionar a la contratación femenina, ya que existen empresas que valoran la edad como un factor negativo, por la posibilidad de un fututo embarazo.
- ⮞ **Nivel educativo y formación:** este aspecto es fundamental a la hora de contratar a una persona, ya que es necesario conocer las capacidades y conocimientos que tiene para poder desempeñar un puesto de trabajo. Cada vez es más frecuente que las mujeres aumenten su formación, de hecho, son más las mujeres con estudios universitarios que los hombres, pero a la hora de acceder al mercado laboral, las mujeres suelen ocupar puestos que requieren un nivel educativo básico, en contra de lo que ocurre con los hombres que son los que suelen ocupar los puestos de mayor responsabilidad.
- ⮞ **Estado civil:** esta variable también suele ser tenida en cuenta en el proceso de contratación. Se puede observar cómo los hombres casados tienen más peso en la población activa y ocupada que las mujeres casadas.
- ⮞ **Tamaño del hogar:** el número de miembros de la unidad familiar también es un factor que puede influir a la hora de contratar a una persona,

ya que si existe una mayor carga familiar, influirá negativamente en la contratación.

⮕ **Trayectoria profesional:** cuando se va a contratar a una persona es necesario analizar los trabajos anteriormente desempeñados, para ver qué experiencia tiene, si esta puede adaptarse al puesto de trabajo a ocupar, qué duración ha tenido en anteriores trabajos y por qué motivo finalizó las relaciones.

Además, se debe destacar que hay factores históricos, que impiden que la contratación sea igual para hombres y para mujeres:

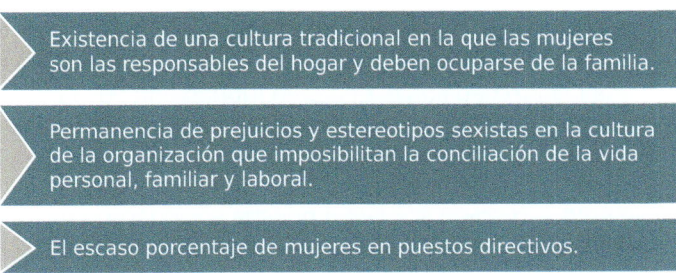

Existencia de una cultura tradicional en la que las mujeres son las responsables del hogar y deben ocuparse de la familia.

Permanencia de prejuicios y estereotipos sexistas en la cultura de la organización que imposibilitan la conciliación de la vida personal, familiar y laboral.

El escaso porcentaje de mujeres en puestos directivos.

4. Contribución de hombres y mujeres al trabajo

En un mercado laboral muy exigente, hombres y mujeres no acceden al empleo en igualdad de condiciones. La división sexual del trabajo sigue situando a las mujeres en las tareas del hogar y al hombre en el empleo formal. Aunque actualmente esta división sexual no es tan rígida, sigue habiendo **grandes diferencias en la promoción de las mujeres,** como se puede observar en la escasa presencia femenina en los puestos de alta dirección.

Las actividades no se reparten en la sociedad de forma neutral. Aunque la organización de la familia tradicional se está transformando de forma muy importante y la mujer se ha incorporado al empleo, se sigue dando en nuestra sociedad una **división sexual del trabajo.**

IMPORTANTE

La división sexual del trabajo impone roles y tareas a las personas según su sexo; esta división sitúa a las mujeres en el espacio privado, realizando tareas domésticas, de cuidado y de crianza, mientras que a los hombres los sitúa en el espacio público, en el empleo formal, la provisión económica de la familia y el ejercicio de la autoridad. La división sexual del trabajo también significa la prohibición de realizar las tareas que son atribuidas al otro sexo.

En este esquema el mundo exterior es masculino y el interior es femenino. El hogar y la maternidad son el referente fundamental de la feminidad, mientras el referente para la identidad de los hombres es el éxito profesional y la obtención de ingresos para el hogar.

Actualmente la división sexual en nuestra sociedad **no es tan rígida,** pero se mantiene un universo simbólico en el que los diferentes roles, aptitudes y espacios son atribuidos a las personas según su sexo.

En las últimas décadas se están produciendo importantes transformaciones debido a la incorporación de la mujer al empleo formal y a un cambio de valores respecto a la distribución de responsabilidades y tareas de mujeres y hombres en el hogar y la crianza.

La división sexual del trabajo supone también el posicionamiento del hombre en las actividades remuneradas y a las mujeres en las actividades no remuneradas, lo que las sitúa en una posición de dependencia económica del varón.

SABÍAS QUE...

El trabajo doméstico es el soporte para el mercado laboral, ya que se hace gratuitamente por las mujeres en los hogares y es el trabajo que permite que los hombres trabajadores y las personas estudiantes cumplan sus obligaciones.

La división sexual del trabajo también implica una **división de saberes** relacionados con los conocimientos necesarios para las tareas. A los hombres se les forma e instruye en las disciplinas necesarias para trabajar en el espacio público y a las mujeres se las orienta al conocimiento práctico para las tareas del hogar y el cuidado. Esto representa una jerarquización en el acceso y producción de conocimiento e información.

Se podría decir que existen dos ámbitos que interactúan en cualquier sociedad:

Ámbito reproductivo o doméstico	Ámbito productivo o público
En este ámbito se encuentran las tareas o funciones relacionadas con el cuidado del hogar y la familia. Son actividades no mercantiles y no remuneradas.	En este ámbito se encuentran tareas o funciones relacionadas con la vida económica, política y social. Son actividades productivas de carácter mercantil. Tradicionalmente este espacio ha sido ocupado por los hombres, asignándoles un valor superior y de poder.

En concreto, se establece una diferencia clara entre el espacio público y el doméstico, donde lo productivo está asociado al hombre, es visible para la sociedad, proporciona riqueza, autonomía personal y reconocimiento social, mientras que el trabajo doméstico está feminizado, permanece oculto, no genera riqueza, ni reconocimiento social.

 **NOTA**

A pesar de la creciente incorporación de las mujeres al mercado de trabajo, esta división entre espacios sigue existiendo, ya que perdura la distribución de diferentes roles entre hombres y mujeres. Las mujeres siguen ocupando mayor presencia en el ámbito doméstico y los hombres en el ámbito público.

La presencia de las mujeres en el mercado laboral es un aspecto positivo, ya que está demostrado que la contribución al trabajo y las aportaciones de las mujeres en el ámbito productivo tienen un **efecto positivo,** tanto en las empresas como en el aumento de beneficios para la sociedad.

No obstante, eso no es suficiente, ya que siguen prevaleciendo estándares que impiden que las mujeres participen de forma plena en el campo laboral, se desarrollen profesionalmente, alcancen puestos de alta dirección y equivalgan sus sueldos a los de los hombres.

NOTA

Aunque los hombres cada vez son más conscientes de que es necesario participar en el ámbito doméstico, su participación no tiene la misma fuerza que la de las mujeres; esto provoca que el sector femenino esté sobrecargado de trabajo, teniendo que llevar a cabo las labores del ámbito doméstico y sus funciones en el ámbito productivo.

Debido a los avances y a los continuos cambios del mercado laboral, es necesario que las empresas incorporen personas con talento a su plantilla. En este sentido, las mujeres están destacando, ya que aportan altos niveles de formación, demostrando que son capaces de desempeñar un puesto de trabajo con alto rendimiento y siendo de gran ayuda para que las empresas alcancen sus objetivos.

Se ha progresado en algunas cosas, pero todavía existen aspectos estancados, lo que provoca una **mala utilización del talento femenino,** ya que en la mayoría del entorno laboral, las mujeres tienen un lento avance con respecto a su desarrollo profesional, porque la participación femenina en puestos de responsabilidad laboral o directivos no es tan elevada como la masculina.

5. Porcentaje de participación paritaria en el mercado laboral

Las mujeres no pueden acceder a los beneficios y recursos de la misma forma que los hombres, por lo que se hace necesario tomar medidas positivas que **fomenten la participación femenina en el espacio público,** como los sistemas de cuotas y una representación paritaria en los puestos de responsabilidad y toma de decisiones.

DEFINICIÓN

Democracia paritaria
Sistema de gobierno que representa a hombres y mujeres por igual, partiendo de la idea de que si las mujeres son la mitad de la ciudadanía deben ser así mismo la mitad de sus representantes.

A lo largo de la historia el acceso a los puestos de poder y toma de decisiones ha estado limitado o prohibido para las mujeres.

En las sociedades actuales sigue habiendo menos mujeres que hombres en las esferas del poder. Según asciende el nivel de responsabilidad desciende la presencia femenina. Este fenómeno es llamado el **"techo de cristal"** y se refiere al conjunto de estructuras y normas no escritas que impiden el acceso de las mujeres a las posiciones de toma de decisiones.

DEFINICIÓN

Representación paritaria
Significa que mujeres y hombres están representados de una forma equilibrada, prestando especial atención a la presencia femenina.

El **sistema de cuotas** de participación de hombres y mujeres es una forma de acción positiva. Su objetivo es garantizar una representación paritaria de hombres y mujeres para fomentar un acceso equilibrado y ecuánime a los recursos y a la toma de decisiones. Los sistemas de cuotas son también conocidos como cuotas de género o cuotas de participación por sexo.

Las **cuotas por sexo** indican la obligación de la presencia de mujeres y hombres en un porcentaje determinado; estas medidas las puede tomar cualquier institución, empresa y organización.

En España las cuotas de participación por sexos en el poder público y político están reguladas en la Ley Orgánica 3/2007, de 22 de marzo, para la Igualdad Efectiva de Mujeres y Hombres y en la Ley Orgánica 2/2024, de

1 de agosto, de representación paritaria y presencia equilibrada de mujeres y hombres.

IMPORTANTE

Tal y como establece la Ley de igualdad efectiva de mujeres y hombres, se considerará que existe una presencia equilibrada de hombres y mujeres cuando, del conjunto, las personas de cada sexo no superen el 60 % ni sean menos del 40 %.

La participación de las mujeres en los órganos de toma de decisiones es una asignatura pendiente en nuestra sociedad. Por una parte, son espacios masculinizados donde se obstaculiza su promoción. Por otra, la asignación de roles de género limita e invisibiliza su proyección al ámbito público. Como consecuencia las mujeres, generalmente, no se plantean dejar de atender las obligaciones del ámbito doméstico para poder tener una mayor participación en otros ámbitos.

SABÍAS QUE...

En los últimos años se han desarrollado acciones que han permitido a las mujeres acceder a puestos de responsabilidad a través de las cuotas de participación. Este sistema de cuotas de participación permite corregir situaciones de desequilibrio y establecer porcentajes de presencia femenina con respecto a los hombres, con la finalidad de reducir la escasa representación de las mujeres en algún sector de actividad.

Es cierto que el sistema de cuotas de participación se ha establecido en el ámbito político, pero se refleja también en el mundo empresarial, con el objetivo de conseguir una participación paritaria de las mujeres en el mercado laboral. Para ello, se desarrollarán **medidas de discriminación positivas** que favorezcan el acceso a las mujeres a los puestos de responsabilidad.

 **ACTIVIDAD 1**

La implicación de la Administración Pública en la promoción profesional de las mujeres es ya una realidad. Realiza una búsqueda en la red e indica varios ejemplos de proyectos, estudios o medidas activas sobre este tema.

6. La igualdad de oportunidades como instrumento de mejora del empleo: legislación vigente

Las políticas de empleo tendrán como uno de sus objetivos prioritarios aumentar la participación de las mujeres en el mercado de trabajo y avanzar en la igualdad efectiva entre mujeres y hombres. Para ello, se mejorará la **empleabilidad y la permanencia en el empleo** de las mujeres, potenciando su nivel formativo y su adaptabilidad a los requerimientos del mercado de trabajo.

Conseguir la igualdad real en las mujeres dentro del ámbito laboral sigue siendo complicado debido a la asignación de roles de género que se transmiten a lo largo de los años. Las tareas del hogar y el cuidado de la familia siguen recayendo en mayor medida sobre las mujeres, esto trae la consecuencia del abandono de las mujeres del mercado laboral.

Por ello, para conseguir la **igualdad real** de las mujeres en el ámbito laboral es necesario reorganizar el trabajo, conceder permisos, reducciones de jornadas o excedencias para conciliar la vida laboral, familiar y personal.

 **IMPORTANTE**

La principal normativa en materia laboral es el Estatuto de los Trabajadores, donde se regulan los derechos y obligaciones de las personas trabajadoras en todos los aspectos del empleo.

Además, cada sector empresarial (o grupo de empresas) tiene un **convenio colectivo,** un acuerdo entre las personas empleadas y el empresariado en el que se fijan las condiciones de trabajo y productividad. En los convenios colectivos se deciden las medidas que se van a tomar en materia de igualdad de oportunidades y las implantaciones de los planes de igualdad.

Pero también existe normativa específica que busca conseguir la igualdad real entre hombres y mujeres en el sector laboral; estas son:

> Ley Orgánica 3/2007, de 22 de marzo, para la igualdad efectiva de mujeres y hombres.

> Real Decreto 901/2020, de 13 de octubre, por el que se regulan los planes de igualdad y su registro y se modifica el Real Decreto 713/2010, de 28 de mayo, sobre registro y depósito de convenios y acuerdos colectivos de trabajo.

> Real Decreto 902/2020, de 13 de octubre, de igualdad retributiva entre mujeres y hombres.

> Ley 15/2022, de 12 de julio, integral para la igualdad de trato y la no discriminación.

> Ley Orgánica 6/2022, de 12 de julio, complementaria de la Ley 15/2022, de 12 de julio, integral para la igualdad de trato y la no discriminación, de modificación de la Ley Orgánica 10/1995, de 23 de noviembre, del Código Penal.

> Real Decreto-ley 5/2023, de 28 de junio, de transposición de Directivas de la Unión Europea en materia de modificaciones estructurales de sociedades mercantiles y conciliación de la vida familiar y la vida profesional de los progenitores y los cuidadores.

> Ley Orgánica 2/2024, de 1 de agosto, de representación paritaria y presencia equilibrada de mujeres y hombres.

NOTA

Todas las incorporaciones que han realizado estas normativas en materia laboral y de mejora sobre la conciliación entre la vida familiar y laboral se han trasladado

Continúa en página siguiente >>

<< Viene de página anterior

también al Estatuto de los Trabajadores, que unifica todas las medidas aplicables para hombres y mujeres desde el punto de vista de la igualdad de oportunidades.

La conciliación es la necesidad que tienen las personas de poder compaginar el empleo con las obligaciones del hogar, las responsabilidades familiares y el tiempo libre; es llamada **conciliación de la vida personal, familiar y laboral.**

La incorporación de las mujeres al mercado laboral ha conllevado cambios en las relaciones familiares, ya que ha sido necesario reestablecer el reparto de las tareas y propiciar la conciliación de la vida familiar y laboral, tanto para hombres como para mujeres.

 IMPORTANTE

Este necesario reparto y conciliación de responsabilidades en la vida familiar y laboral requiere que las instituciones públicas y el gobierno desarrollen medidas legislativas que fomenten estas necesidades.

A continuación, se tratan las principales aportaciones para lograr la conciliación de la vida laboral y familiar de estas leyes:

● **Permisos retribuidos.** El Estatuto de los Trabajadores favorece la conciliación personal, familiar y laboral introduciendo nuevos permisos. Las personas trabajadoras, con previo aviso y justificación posterior, pueden ausentarse del trabajo con derecho a retribución, por los motivos y el tiempo que se cita a continuación:

Permisos retribuidos

Circunstancias	Tiempo de permiso
Matrimonio o registro de pareja de hecho	15 días naturales

Continúa en página siguiente >>

[69]

<< Viene de página anterior

Permisos retribuidos

Circunstancias	Tiempo de permiso
Fallecimiento del cónyuge, pareja de hecho o pariente hasta el segundo grado por consanguinidad o afinidad	2 días y 2 días más por desplazamiento
Accidente o enfermedad graves, hospitalización o intervención quirúrgica sin hospitalización pero con reposo domiciliario del cónyuge, pareja de hecho o parientes hasta el segundo grado por consanguineidad o afinidad (incluido el familiar de la pareja de hecho), o cualquier conviviente con el trabajador que necesite cuidados efectivos	5 días
Traslado de domicilio habitual	1 día
Funciones sindicales	El tiempo establecido en la ley o en convenio colectivo
Cumplimiento de un deber de carácter público o personal (votar, asistir a un juicio...)	El tiempo indispensable
Por lactancia de un menor hasta los 9 meses (Este permiso puede ser disfrutado indistintamente los progenitores, adoptantes, guardadores o acogedores del menor)	1 h diaria, que se puede dividir en dos períodos. Voluntariamente se puede sustituir por una reducción de la jornada en media hora
Preparación al parto La realización de controles médicos prenatales y técnicas de preparación al parto, así como para la asistencia a sesiones y realización de informes en los casos de adopción, guarda con fines de adopción o acogimiento, que deban realizarse dentro de la jornada de trabajo	El tiempo indispensable
Nacimiento de hijo prematuro o que deba permanecer hospitalizado después del parto	1 h. diaria
Fuerza mayor por motivos familiares urgentes o inesperados, en el caso de enfermedad o accidente que requiera la presencia inmediata de la persona trabajadora	Las horas de ausencia se retribuirán en equivalencia a cuatro días al año
Permiso parental para el cuidado de hijo/a o acogimiento, de menor de 8 años	8 semanas continuas o discontinuas, ya sea en jornada completa o parcial[1]
Por la imposibilidad de asistir al trabajo como consecuencia de fenómenos meteorológicos adversos y en cumplimiento de las prohibiciones establecidas por las autoridades competentes.	Hasta 4 días que se ampliarán hasta que las causas desaparezcan.

[1] *Solo le corresponde retribución a cuatro de las ocho semanas totales.*

➲ **Reducción de la jornada por motivos familiares.** Las personas trabajadoras tienen derecho a la adaptación de su jornada laboral u ordenación del tiempo de trabajo para conciliar su vida familiar y laboral. Se introducen los siguientes derechos:

➲ Reducción de su jornada laboral en media hora al día o de forma acumulada en jornadas completas, por lactancia de un menor de 9 meses. Esta reducción es voluntaria y sustitutiva del permiso retribuido por lactancia.

➲ Una reducción de la jornada de trabajo, con la disminución proporcional del salario entre, al menos, un octavo y un máximo de la mitad de la duración de aquella, cuando se tenga a su cuidado algún menor de 12 años, una persona con discapacidad física, psíquica o sensorial, que no desempeñe una actividad retribuida, al cónyuge o pareja de hecho o un familiar (hasta el segundo grado de consanguinidad o afinidad) incluido el de la pareja de hecho que, por razones de edad, accidente o enfermedad no pueda valerse por sí mismo y no desempeñe una actividad retribuida.

➲ Reducción a la mitad de la jornada de trabajo diaria para el cuidado de un menor a su cargo de 18 años, afectado por cáncer u otra enfermedad grave. Esta reducción es ampliable, según requisitos, a los 23 y 26 años.

➲ Reducción u ordenación del tiempo de trabajo (horario flexible o adaptación horaria), para la protección o asistencia social integral a las víctimas de violencia de género o terrorismo.

➲ **Excedencia por cuidado de familiares.** Se introducen los siguientes derechos:

➲ Se tendrá derecho a un período de excedencia de duración no superior a tres años para atender al cuidado de cada hijo, tanto cuando lo sea por naturaleza como por adopción o en los supuestos de acogimiento, tanto permanente como preadoptivo, a contar desde la fecha de nacimiento o, en su caso, de la resolución judicial o administrativa.

➲ También se tendrá derecho a un período de excedencia, de duración no superior a dos años, para atender al cuidado del cónyuge o pareja de hecho, o de un familiar (hasta el segundo grado de consanguinidad o afinidad) incluido el de la pareja de hecho, que por razones de edad, accidente o enfermedad no pueda valerse por sí mismo y no desempeñe actividad retribuida.

➲ **Suspensión con reserva de puesto de trabajo.** En el supuesto de parto, la suspensión tendrá una duración de dieciséis semanas ampliables en el supuesto de parto múltiple en dos semanas más por cada hijo a partir del segundo. El período de suspensión se distribuirá a opción de la interesada siempre que seis semanas sean inmediatamente posteriores al parto. En caso de fallecimiento de la madre, el padre podrá hacer uso de la totalidad o, en su caso, de la parte que reste del período de suspensión (permiso por nacimiento y cuidado de menor). Este periodo de suspensión también le corresponde al otro progenitor.

No obstante, y sin perjuicio de las seis semanas inmediatas posteriores al parto de **descanso obligatorio** para la madre, en el caso de que el padre y la madre trabajen, esta, al iniciarse el período de descanso por nacimiento y cuidado de menor, podrá optar porque el padre disfrute de una parte determinada e ininterrumpida del período de descanso posterior al parto, bien de forma simultánea o sucesiva con el de la madre, salvo que en el momento de su efectividad, la incorporación al trabajo de la madre, suponga un riesgo para su salud.

⊃ **Extinción del contrato de trabajo.** Desde la perspectiva de género, existen supuestos de despido que se consideran nulos, tales como:

- ◔ El de las personas trabajadoras durante el disfrute de los permisos por nacimiento, adopción, guarda con fines de adopción, acogimiento, riesgo durante el embarazo, riesgo durante la lactancia natural, permiso parental o por enfermedades derivadas del embarazo, parto o lactancia.
- ◔ El de las trabajadoras embarazadas desde el inicio del embarazo hasta el comienzo del disfrute del permiso.
- ◔ El de las personas trabajadoras que hayan solicitado los permisos por cuidado del lactante hasta que cumpla nueve meses o, por hospitalización del menor después del parto por nacimiento prematuro u otras causas.
- ◔ El de las personas trabajadoras que hayan reducido u adaptado su jornada laboral para el cuidado de su hijo/a menor de 12 años.
- ◔ El de las personas trabajadoras que estén disfrutando de los periodos de excedencia legales por cuidado de hijo/a, cónyuge o pareja de hecho.
- ◔ El de las trabajadoras víctimas de violencia de género durante la tutela judicial efectiva o durante el ejercicio de su derecho a la protección o asistencia social integral.
- ◔ El de las personas trabajadoras que se hayan incorporado al trabajo por finalización de los periodos de disfrute de los permisos por nacimiento, adopción, guarda con fines de adopción o acogimiento.

6.1. Ley Orgánica 3/2007, de 22 de marzo, para la igualdad efectiva de mujeres y hombres

Las medidas de conciliación de la vida personal, familiar y laboral tienen como objetivo que las personas puedan desarrollarse integralmente en todos los ámbitos de la vida: especialmente que la vida laboral no sea un obstáculo en el desarrollo vital.

Esta ley de Igualdad representa la normativa vigente en materia laboral significativa para la **detección de situaciones de desigualdad** entre los dos sexos. En dicha ley se regulan:

Programas de mejora de la empleabilidad de las mujeres	Planes de igualdad en las empresas	Negociación en los convenios colectivos

A continuación, se analizarán cada uno de estos conceptos.

Programas de mejora de la empleabilidad de las mujeres

Las políticas de empleo tendrán como uno de sus objetivos prioritarios aumentar la participación de las mujeres en el mercado de trabajo y avanzar en la igualdad efectiva entre mujeres y hombres. Para ello, se mejorará la empleabilidad y la permanencia en el empleo de las mujeres, potenciando su nivel formativo y su adaptabilidad a los requerimientos del mercado de trabajo.

Los **programas de inserción laboral activa** comprenderán todos los niveles educativos y edad de las mujeres, incluyendo los de Formación Profesional, Escuelas Taller y Casas de Oficios, dirigidos a personas en desempleo; se podrán destinar prioritariamente a colectivos específicos de mujeres o contemplar una determinada proporción de mujeres.

Planes de igualdad en las empresas

Las empresas están obligadas a respetar la **igualdad de trato y de oportunidades** en el ámbito laboral y, con esta finalidad, deberán adoptar medidas dirigidas a evitar cualquier tipo de discriminación laboral entre mujeres y hombres, medidas que deberán negociar y, en su caso, acordar con los representantes legales de los trabajadores en la forma que se determine en la legislación laboral.

En el caso de las empresas de más de cincuenta trabajadores, las medidas de igualdad deberán dirigirse a la elaboración y aplicación de un **plan de igualdad,** que deberá ser asimismo objeto de negociación en la forma que se determine en la legislación laboral.

Negociación en los convenios colectivos

De acuerdo con lo establecido legalmente, mediante la negociación colectiva se podrán establecer medidas de acción positiva para favorecer el acceso de las mujeres al empleo y la aplicación efectiva del principio de igualdad de trato y no discriminación en las condiciones de trabajo entre mujeres y hombre.

 TAREA 2

Mónica y Sebastián son una pareja que trabajan a turno partido en dos empresas diferentes de su localidad. Con la llegada de su tercer hijo, les surgen muchas dudas sobre cómo van a poder compaginar sus profesiones con su vida familiar.

¿Qué posibilidades tienen para conciliar, de la mejor manera posible, su vida personal y laboral?

----

7. Distribución del tiempo según el género

Las mujeres, en su incorporación al trabajo, han heredado un mercado laboral capitalista y patriarcal, estructurado de acuerdo a la pauta masculina: **trabajo a tiempo completo y organización socioeconómica masculina.**

 IMPORTANTE

Las jornadas laborales, los horarios de los servicios públicos, los horarios escolares y, en general, el horario de la sociedad se estructura bajo la premisa de que

Continúa en página siguiente >>

<< Viene de página anterior

hay una persona en casa que cuida de niñas y niños, personas ancianas, enfermas, que gestiona el hogar y las responsabilidades familiares, que se encarga de las necesidades y el bienestar de la familia. Esto supone una gran presión para las mujeres, que se ven obligadas a conciliar gran cantidad de tareas.

Los hombres no se han adaptado suficientemente a la incorporación de las mujeres al empleo; el trabajo familiar y doméstico les sigue correspondiendo mayoritariamente a ellas. Para el sistema patriarcal es esencial que esto continúe de esta manera, pues su base socioeconómica se fundamenta en el mantenimiento del espacio reproductivo por parte de las mujeres.

La utilización del tiempo por parte de mujeres y hombres es más parecida cuando las personas son jóvenes y no han organizado una familia. En la etapa en la que se contrae matrimonio o se forma una familia, se establece una relación formal y empiezan a crecer las diferencias en la repartición de tareas. Las mujeres casadas o en pareja, independientemente de que hayan tenido hijos o hijas, empiezan a realizar más tareas no remuneradas que las mujeres que están solteras; sin embargo, el tiempo que los hombres dedican al trabajo no remunerado no se ve afectado por el hecho de formar una familia.

 ## SABÍAS QUE...

Actualmente las mujeres son cada vez más reacias a interrumpir sus carreras por motivos familiares, y participan más en el mercado laboral que las mujeres de otras generaciones. El modelo de familia en el que hombre y mujer trabajan fuera del hogar está creciendo.

Hay que valorar el uso del tiempo que hacen mujeres y hombres, teniendo en cuenta:

> El tiempo que se dedica al cuidado de hijos e hijas o familiares como criterio para elegir turnos y jornadas.

> Limitar la disponibilidad para la empresa para que las personas no tengan dificultades en la conciliación.

La vida cotidiana de la población española se desarrolla en un marco temporal similar al de otras sociedades europeas. Las actividades que las personas realizan en sus vidas se pueden clasificar en cuatro grandes grupos:

1. **Necesidades fisiológicas básicas,** a las que se dedica la mitad de la jornada de una persona: descanso, cuidados personales y comidas.
2. Actividades relacionadas con los **estudios y con el trabajo,** ya sea remunerado, voluntario o doméstico. A estas actividades se dedica un cuarto de la jornada de una persona.
3. Actividades relacionadas con el **ocio y la vida social,** en las que las personas emplean un porcentaje algo inferior.
4. El **resto de actividades,** que supondría tiempo dedicado a tareas no especificadas, es lo que algunos llaman "pasar el rato" o "matar el tiempo".

La cuestión que se plantea ahora es si ese reparto de tiempos mencionados anteriormente es igualitario para hombres y para mujeres. Desafortunadamente, el tiempo dedicado a cada necesidad o actividad varía, entre otras cosas, en función del sexo. Es crucial ser consciente de ello, para llegar a la conclusión de la necesidad de equiparar estos tiempos; paso previo y necesario para llegar a cambiarlos.

 SABÍAS QUE...

Una de las cuestiones más significativas del reparto de tiempos es el hecho de que las mujeres continúan teniendo un nivel inferior de acceso a los recursos de ocio y tiempo libre o incluso de tiempo propio. Estas actividades relacionadas con el ocio ocupan un porcentaje no demasiado elevado y siempre inferior a las necesidades fisiológicas o a las actividades laborales. Sin embargo, marcan la diferencia entre los tiempos para las mujeres y los hombres. El hecho de que las actividades de ocio y tiempo libre sean menos desarrolladas por las mujeres, está promovido por tres cuestiones principales: la tradicional división sexual del trabajo, la insuficiente participación de las mujeres en el trabajo productivo y el deber de asumir las responsabilidades familiares.

La mujer se ha incorporado al mundo laboral remunerado, pero el hombre aún no se ha terminado de incorporar al trabajo doméstico, lo que implica en muchos casos:

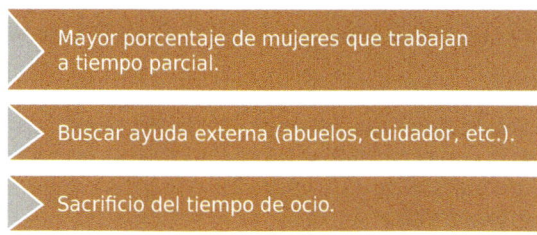

> Mayor porcentaje de mujeres que trabajan a tiempo parcial.

> Buscar ayuda externa (abuelos, cuidador, etc.).

> Sacrificio del tiempo de ocio.

El tiempo de ocio (el tiempo que una persona dedica a algo que le gusta, que le ayuda a desconectar de los problemas del día a día) en el caso de las mujeres es sacrificado por el tiempo de trabajo no remunerado, ya que son ellas las que por regla general realizan la doble jornada laboral (la remunerada y la no remunerada o doméstica).

Todo lo expuesto anteriormente implica para las mujeres tener mayores niveles de ansiedad y trastornos psicológicos por el **altísimo nivel de estrés** al que están sometidas.

NOTA

La conciliación de las tareas reproductivas con las tareas laborales hace que la distribución del tiempo de la mujer sea circular: las tareas domésticas son infinitas, con gran cantidad de actividades que se superponen y no dejan tiempo para el esparcimiento, el descanso y el ocio. Sin embargo, el tiempo de los hombres es lineal: las tareas empiezan y terminan en algún punto del día, no dedicando tanto tiempo como las mujeres a las tareas reproductivas.

En definitiva, el reparto no equitativo en cuanto a tiempos y especialmente tiempos de ocio, concluye en la dificultad de conciliación de vida laboral, familiar y personal para las mujeres.

Si se valora el modo en que las mujeres usan su tiempo propio, aunque sea escaso, se muestra que, por lo general, suelen participar en actividades culturales o de ocio. De este modo, acuden con mayor frecuencia a exposiciones, teatros o conciertos. En contrapartida, los hombres suelen usar este tiempo para la lectura de periódicos, hacer deporte, escuchar música o usar las nuevas tecnologías.

8. Otros ámbitos para el ejercicio de la igualdad

El concepto de igualdad va unido al de los derechos humanos y puede entenderse como el **principio fundamental común a todas las personas,** que pone de manifiesto que todos los ciudadanos tienen los mismos derechos y oportunidades.

Tradicionalmente las mujeres han estado sometidas a las decisiones de los hombres y se las ha considerado más débiles y con menos capacidades, pero con el paso de los años se está consiguiendo eliminar esta situación y se está visualizando a la mujer en la sociedad.

NOTA

Aunque las mujeres han conseguido grandes avances en el reconocimiento de sus derechos; todavía siguen existiendo desigualdades en la sociedad. Por ello, es necesario que desde los organismos públicos se lleven a cabo políticas públicas que integren el principio de igualdad de oportunidades entre hombres y mujeres.

Dos de los sectores donde se debe aplicar el principio de igualdad para conseguir una verdadera situación de equilibrio entre hombres y mujeres son **la educación y la participación social y política.**

8.1. Educación y formación

El sector educativo en nuestro país ha ido cambiando conforme ha evolucionado la sociedad. Tradicionalmente la educación separaba a los niños de las niñas y asignaba tareas diferentes a cada uno.

Mientras que los varones eran educados para ser el cabeza de familia, trabajar y mantener a los suyos, la educación que recibían las mujeres se centraba en las tareas del hogar y la responsabilidad del cuidado de los hijos e hijas y del marido.

No es hasta el siglo XX cuando se empieza a fomentar la presencia de las mujeres en el sistema educativo; se va apostando por una formación igualitaria para hombres y mujeres, y poco a poco, estas van accediendo a estudios secundarios y universitarios.

NOTA

La educación es importantísima para el desarrollo intelectual, emocional y social de las personas.

El colegio se configura como un agente de socialización, donde, además de enseñar conocimientos, se difunden valores, actitudes, aptitudes y comportamientos que deben asumir los seres humanos.

Actualmente, el sistema educativo ha evolucionado bastante, ya que todos los niños y todas las niñas acceden por igual a la educación obligatoria. Las niñas y mujeres no abandonan la formación y continúan estudiando, **siendo su presencia mayoritaria en el bachillerato y en la universidad.** Además, está demostrado que las mujeres alcanzan mejores rendimientos académicos que los hombres, abandonan menos el sistema escolar y obtienen antes una titulación universitaria.

SABÍAS QUE...

Aunque se van equilibrando los hombres y las mujeres en el ámbito educativo, las desigualdades siguen existiendo, ya que las alumnas optan por estudios de las ramas de humanidades o ciencias sociales, y en las enseñanzas técnicas o ingenierías sigue habiendo poca participación de las mujeres.

La **Declaración Universal de los Derechos Humanos,** de 1948, establece que toda persona tiene derecho a la educación, que esta debe ser gratuita en la instrucción elemental y, a su vez, obligatoria para cualquier ciudadano.

El marco jurídico español, respalda y defiende la igualdad real entre mujeres y hombres en la educación. En concreto la **Constitución de 1978,** en el artículo 27, establece lo siguiente:

1. *Todos tienen el derecho a la educación. Se reconoce la libertad de enseñanza.*
2. *La educación tendrá por objeto el pleno desarrollo de la personalidad humana en el respeto a los principios democráticos de convivencia y a los derechos y libertades fundamentales.*
3. *Los poderes públicos garantizan el derecho que asiste a los padres para que sus hijos reciban la formación religiosa y moral que esté de acuerdo con sus propias convicciones.*
4. *La enseñanza básica es obligatoria y gratuita.*
5. *Los poderes públicos garantizan el derecho de todos a la educación, mediante una programación general de la enseñanza, con participación efectiva de todos los sectores afectados y la creación de centros docentes.*
6. *Se reconoce a las personas físicas y jurídicas la libertad de creación de centros docentes, dentro del respeto a los principios constitucionales.*
7. *Los profesores, los padres y, en su caso, los alumnos intervendrán en el control y gestión de todos los centros sostenidos por la Administración con fondos públicos, en los términos que la ley establezca.*
8. *Los poderes públicos inspeccionarán y homologarán el sistema educativo para garantizar el cumplimiento de las leyes.*
9. *Los poderes públicos ayudarán a los centros docentes que reúnan los requisitos que la ley establezca.*
10. *Se reconoce la autonomía de las universidades, en los términos que la ley establezca.*

Por su parte, la Ley Orgánica 3/2007, de 22 de marzo, para la igualdad efectiva de mujeres y hombres, en su artículo 24 pone de manifiesto la importancia de **integrar el principio de igualdad en la política de educación.** Además, la Ley 15/2022 de 12 de julio, en sus artículos 13 y 14, regula lo relativo al derecho a la igualdad de trato y no discriminación en el ámbito del sector educativo formal y no formal. En este sentido las Administraciones educativas, desarrollarán las siguientes actuaciones:

> La atención especial en los currículum y en todas las etapas educativas al principio de igualdad entre mujeres y hombres, y al derecho de igualdad de trato y no discriminación.

Continúa en página siguiente >>

<< Viene de página anterior

La eliminación y el rechazo de los comportamientos y contenidos sexistas y estereotipos que supongan discriminación entre mujeres y hombres, con especial consideración a ello en los libros de texto y materiales educativos.

La integración del estudio y aplicación del principio de igualdad en los cursos y programas para la formación inicial y permanente del profesorado.

La promoción de la presencia equilibrada de mujeres y hombres en los órganos de control y de gobierno de los centros docentes.

La cooperación con el resto de las Administraciones educativas para el desarrollo de proyectos y programas dirigidos a fomentar el conocimiento y la difusión, entre las personas de la comunidad educativa, de los principios de coeducación y de igualdad efectiva entre mujeres y hombres.

El establecimiento de medidas educativas destinadas al reconocimiento y enseñanza del papel de las mujeres en la Historia.

8.2. Participación social y política

En nuestra Constitución se recoge el **derecho de participación ciudadana,** es decir, según el artículo 23 los ciudadanos tienen el derecho a participar en los asuntos públicos, directamente o por medio de representantes, libremente elegidos en elecciones periódicas por sufragio universal.

Todos los ciudadanos tienen derecho a acceder en condiciones de igualdad a las funciones y cargos públicos, siempre que se cumplan los requisitos establecidos para cada caso.

La capacidad que tienen las personas para asumir compromisos sociales y políticos es lo que se conoce como **ciudadanía.** Los ciudadanos y ciudadanas tienen derechos y la facultad de tomar decisiones dentro del contexto social.

IMPORTANTE

Los ciudadanos y ciudadanas deben sentirse parte de una estructura social y política.

Poco a poco, los hombres y, después las mujeres, han ido asentando el concepto de ciudadanía, convirtiéndose en sujetos con derechos civiles, políticos, económicos, sociales y culturales.

La participación social y política busca involucrar a las personas en la toma de decisiones públicas, las cuales repercuten en sus vidas. Es un concepto relacionado con la democracia, ya que mediante la participación ciudadana se pretende implicar a los ciudadanos y ciudadanas en el ejercicio de la política.

NOTA

La participación social y política consiste en ser parte activa en las acciones y decisiones que influyen en el país, siempre teniendo en cuenta la igualdad de oportunidades.

---

9. Resumen

El mercado de trabajo no es algo fijo, está en constante movimiento y se encuentra condicionado por varios factores como:

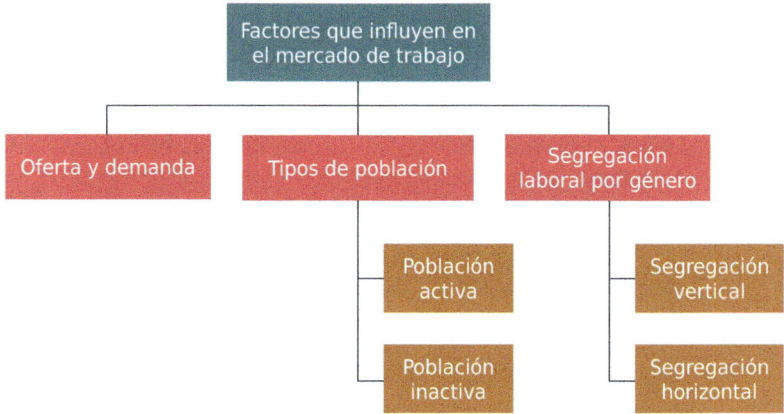

Cuando una empresa va a contratar a una persona para cubrir un puesto de trabajo, tiene que valorar diferentes aspectos de esta, pero existen una serie de factores, que de forma general, influyen en la contratación laboral, los cuales son:

A pesar de que son factores que condicionan la contratación tanto para hombres como para mujeres, la división sexual del trabajo influye en el acceso de las mujeres al mercado laboral, especialmente a los cargos de alta dirección.

Aunque cada vez las mujeres tienen una mayor participación en el ámbito laboral, no se encuentran en igualdad con respecto a los hombres. Las mujeres son las que siguen dedicando más tiempo al trabajo en el hogar y al cuidado de la familia, a pesar de tener un trabajo remunerado.

Para garantizar que la participación de hombres y mujeres sea equitativa, se ha establecido la participación paritaria y se han desarrollado normativas que permiten una presencia equilibrada de la mujer en el sector laboral. En concreto la normativa en materia laboral que regula los derechos y las obligaciones de los trabajadores y permite que exista conciliación familiar y laboral es la siguiente:

- Estatuto de los trabajadores.

- Ley Orgánica 3/2007, de 22 de marzo, para la igualdad efectiva de mujeres y hombres.

- Real Decreto 901/2020, de 13 de octubre, por el que se regulan los planes de igualdad y su registro y se modifica el Real Decreto 713/2010, de 28 de mayo, sobre registro y depósito de convenios y acuerdos colectivos de trabajo.

- Real Decreto 902/2020, de 13 de octubre, de igualdad retributiva entre mujeres y hombres.

- Ley 15/2022, de 12 de julio, integral para la igualdad de trato y la no discriminación.

- Ley Orgánica 6/2022, de 12 de julio, complementaria de la Ley 15/2022, de 12 de julio, integral para la igualdad de trato y la no discriminación, de modificación de la Ley Orgánica 10/1995, de 23 de noviembre, del Código Penal.

- Real Decreto-ley 5/2023, de 28 de junio, de transposición de Directivas de la Unión Europea en materia de modificaciones estructurales de sociedades mercantiles y conciliación de la vida familiar y la vida profesional de los progenitores y los cuidadores.

- Ley Orgánica 2/2024, de 1 de agosto, de representación paritaria y presencia equilibrada de mujeres y hombres.

Está claro que aún la mujer sufre discriminación laboral, por lo que son necesarios sistemas de apoyo específicos que impulsen su acceso al mercado laboral. Es desde ámbitos como la educación y formación, o la participación social y política donde se debe introducir la perspectiva de género en la organización de las empresas y en los procesos de acompañamiento en la búsqueda de empleo.

Ejercicios de autoevaluación
Unidad de Aprendizaje 2

1. **Las personas en edad de trabajar, que desempeñan un trabajo remu-nerado o bien se encuentran buscando empleo forman parte de...**

     a. ... la población ocupada.
     b. ... la población activa.
     c. ... la población parada o desempleada.
     d. ... la población inactiva.

2. **La tasa de actividad se calcula aplicando la siguiente fórmula:**

     a. Es el producto entre el número de parados y el de activos.
     b. Es el producto entre el número de activos y la población total.
     c. Es el cociente entre el número de activos y el número de parados.
     d. Es el cociente entre el número de activos y la población total.

3. **Las autorizaciones que se conceden por el nacimiento de hijo/a o por el fallecimiento, accidente o enfermedad grave u hospitaliza-ción de familiares hasta el segundo grado de consanguinidad o afi-nidad, se denominan...**

     a. ... percepciones no salariales.
     b. ... excedencias por cuidado de familiares.
     c. ... permisos retribuidos.
     d. ... suspensión con reserva del puesto de trabajo.

La desigualdad y la violencia de género

Contenido

Objetivo

El objetivo general de esta Unidad de aprendizaje es:

→ Tomar conciencia sobre el problema social de la violencia de género; así como conocer las políticas institucionales, programas, medidas preventivas y correctoras a aplicar; las organizaciones y recursos existentes para actuar contra la violencia de género.

Los objetivos específicos de esta Unidad de Aprendizaje son:

→ Distinguir el tipo de violencia que se produce en cada caso.

→ Reconocer los recursos disponibles para detectar y actuar ante situaciones de violencia de género.

1. Introducción

La violencia contra las mujeres es un problema global de la sociedad, una manifestación de la situación desigual de las mujeres en el mundo y que genera graves consecuencias en la salud de quienes la sufren.

Esta violencia **adopta diferentes formas,** no solo la física, y se produce en diversos contextos, desde la que se produce en el seno de las parejas hasta la explotación de mujeres con fines sexuales, o en el ámbito de algunas tradiciones culturales como es la mutilación genital, los matrimonios precoces y los crímenes por la dote.

Para tener una mayor comprensión de esta problemática y poder afrontarla con mayor eficacia es necesario el estudio de las características de este tipo de violencia, familiarizarse con el manejo de los indicadores sociales, saber identificar las características psicosociales de las víctimas y de los agresores, conocer cómo se produce la violencia, sus procesos y las situaciones de especial vulnerabilidad.

Para abordar esta problemática, los organismos políticos tanto a nivel europeo, estatal como autonómicos y municipales han elaborado un marco legislativo que posibilita a las distintas administraciones, dentro de ese marco, la creación de los servicios y recursos necesarios para **asegurar los derechos de las víctimas.**

De este modo, la lucha contra la violencia hacia las mujeres se realiza desde una perspectiva **integral y multidisciplinar,** siendo necesarias actuaciones coordinadas y eficaces de los profesionales pertenecientes a todos los ámbitos del entorno de intervención: institucional, judicial, policial, sanitario, social, laboral, educativo y asociativo.

2. Conceptos básicos sobre la Declaración Universal de los Derechos Humanos

Uno de los derechos fundamentales de todos los seres humanos es la **igualdad;** derecho que deben compartir mujeres y hombres en los mismos términos.

DEFINICIÓN

Derechos humanos
Son algo intrínseco del ser humano, recogen el conjunto de derechos y libertades básicas necesarias para el disfrute de la vida humana en condiciones de plena dignidad.

Las características principales de los derechos humanos son:

⮑ Derechos universales, ya que son aplicables a todas las personas sin distinción alguna.
⮑ Con estos derechos se valora por igual a todos los seres humanos.
⮑ Son derechos indivisibles e interdependientes, ya que están relacionados entre sí.
⮑ Estos derechos no pueden ser suspendidos o retirados.
⮑ Estos derechos imponen obligaciones, particularmente a los Estados y los agentes de los Estados.
⮑ Estos derechos son reconocidos internacionalmente.
⮑ Son derechos reconocidos y garantizados por el Estado y recogidos en la Constitución y en las leyes.
⮑ Son derechos que protegen a todas las personas.

Es la **Declaración Universal de los Derechos Humanos** aprobada el 10 de diciembre de 1948, la que pone el punto de partida en la lucha por la igualdad de oportunidades, estableciendo los mínimos a los que toda persona tiene derecho.

En concreto, la Declaración Universal de los Derechos Humanos señala lo siguiente:

Todos los seres humanos nacen libres e iguales en dignidad y derechos y, dotados como están de razón y conciencia, deben comportarse fraternalmente los unos con los otros.

Toda persona tiene todos los derechos y libertades proclamados en esta Declaración, sin distinción alguna de raza, color, sexo, idioma, religión, opinión política o de cualquier otra índole, origen nacional o social, posición económica, nacimiento o cualquier otra condición.

 **IMPORTANTE**

Los derechos de la mujer están recogidos en el concepto de derechos humanos, los cuales no pueden ser cuestionados por prácticas, tradiciones o costumbres religiosas o culturales que atenten contra la dignidad de las mujeres.

El marco de referencia para las leyes de todos los Estados es la Declaración Universal de los Derechos Humanos, sin embargo **no todos los países o gobiernos están dispuestos a firmar acuerdos,** convenios o tratados para favorecer la igualdad. Es más, muchos de los Estados que han firmado dichos preceptos siguen aplicando un trato diferente y desigual a las cuestiones específicas relacionadas con las mujeres.

En concreto, esta declaración establece los siguientes conceptos o **derechos básicos** que deben ser respetados:

1. *Todo individuo tiene derecho a la vida, a la libertad y a la seguridad de su persona.*
2. *Nadie estará sometido a esclavitud ni a servidumbre.*
3. *Nadie será sometido a torturas ni a penas o tratos crueles, inhumanos o degradantes.*
4. *Todo ser humano tiene derecho, en todas partes, al reconocimiento de su personalidad jurídica.*
5. *Todos son iguales ante la ley y tienen, sin distinción, derecho a igual protección de la ley.*
6. *Toda persona tiene derecho a un recurso efectivo, ante los tribunales nacionales competentes, que la ampare contra actos que violen sus derechos fundamentales reconocidos por la Constitución o por la ley.*
7. *Nadie podrá ser arbitrariamente detenido, preso ni desterrado.*
8. *Toda persona tiene derecho, en condiciones de plena igualdad, a ser oída públicamente y con justicia por un tribunal independiente e imparcial, para la determinación de sus derechos y obligaciones o para el examen de cualquier acusación contra ella en materia penal.*
9. *Toda persona acusada de delito tiene derecho a que se presuma su inocencia mientras no se pruebe su culpabilidad.*
10. *Nadie será condenado por actos u omisiones que en el momento de cometerse no fueron delictivos según el Derecho nacional o internacional. Tampoco se impondrá pena más grave que la aplicable en el momento de la comisión del delito.*
11. *Nadie será objeto de injerencias arbitrarias en su vida privada, su familia, su domicilio o su correspondencia, ni de ataques a su honra o a su reputación.*

Toda persona tiene derecho a la protección de la ley contra tales injerencias o ataques.

12. *Toda persona tiene derecho a circular libremente y a elegir su residencia.*
13. *En caso de persecución, toda persona tiene derecho a buscar asilo, y a disfrutar de él, en cualquier país.*
14. *Toda persona tiene derecho a una nacionalidad.*
15. *Los hombres y las mujeres, a partir de la edad núbil, tienen derecho, sin restricción alguna por motivos de raza, nacionalidad o religión, a casarse y fundar una familia; y disfrutarán de iguales derechos en cuanto al matrimonio, durante el matrimonio y en caso de disolución del matrimonio. Solo mediante libre y pleno consentimiento de los futuros esposos podrá contraerse el matrimonio.*
16. *Toda persona tiene derecho a la propiedad, individual y colectivamente.*
17. *Toda persona tiene derecho a la libertad de pensamiento, de conciencia y de religión.*
18. *Todo individuo tiene derecho a la libertad de opinión y de expresión.*
19. *Toda persona tiene derecho a la libertad de reunión y de asociación pacíficas.*
20. *Toda persona tiene derecho a participar en el gobierno de su país, directamente o por medio de representantes libremente escogidos.*
21. *Toda persona, como miembro de la sociedad, tiene derecho a la Seguridad Social.*
22. *Toda persona tiene derecho al trabajo, a la libre elección de su trabajo, a condiciones equitativas y satisfactorias de trabajo y a la protección contra el desempleo.*
23. *Toda persona tiene derecho al descanso, al disfrute del tiempo libre, a una limitación razonable de la duración del trabajo y a vacaciones periódicas pagadas.*
24. *Toda persona tiene derecho a un nivel de vida adecuado.*
25. *Toda persona tiene derecho a la educación, que debe ser gratuita y obligatoria, al menos en lo concerniente a la instrucción elemental y fundamental.*
26. *Toda persona tiene derecho a tomar parte libremente en la vida cultural de la comunidad.*
27. *Toda persona tiene derecho a que se establezca un orden social e internacional en el que los derechos y libertades proclamados en esta Declaración se hagan plenamente efectivos.*
28. *Toda persona tiene deberes respecto a la comunidad, puesto que solo en ella puede desarrollar libre y plenamente su personalidad. En el ejercicio de sus derechos y en el disfrute de sus libertades, toda persona estará solamente sujeta a las limitaciones establecidas por la ley.*

Todos los derechos humanos, ya sean económicos, políticos, civiles, culturales o sociales, tienen igual validez e importancia y **no pueden ser suprimidos bajo ninguna circunstancia.**

3. Violencia de género: Ciclo básico de la violencia. Concepto y factores que influyen

Las primeras referencias con carácter internacional que abordan la violencia contra la mujer aparecen en la **Declaración sobre la eliminación de la violencia contra la mujer** de las Naciones Unidas (Resolución de la Asamblea General 48/104, ONU, 1993) y en la IV Conferencia Mundial sobre la Mujer, celebrada en Beijing (China) en 1995.

Actualmente, tras años de estudio e investigación se contempla que la violencia contra la mujer no se basa en la diferenciación biológica por sexo, sino que está basada en el género, es decir, en la posición social de desigualdad de las mujeres con respecto al hombre.

 DEFINICIÓN

Violencia de género
Todo acto de violencia de género que resulte o pueda tener como resultado un daño físico, sexual o psicológico para la mujer, inclusive las amenazas de tales actos, la coacción o la privación arbitraria de libertad, tanto si se producen en la vida pública como en la privada.

Por tanto, siguiendo el marco conceptual actual, la violencia contra la mujer (entendida como todo acto de violencia basado en el género), se caracteriza por ser:

- Una violación de los derechos y libertades fundamentales de las mujeres.
- Universal, ya que no se limita a ninguna cultura, país ni religión en concreto.
- Un acto de violencia basado en el género, donde el factor principal que la origina es la desigualdad entre hombres y mujeres.
- Un problema social, cuyo origen se encuentra en las relaciones sociales basadas en la construcción del género, siendo un fenómeno global y estructural (no solo individual) vinculado a creencias culturales, actitudes y modelos de comportamientos que posicionan a la mujer en una situación de inferioridad y dominio.
- Un instrumento por el cual el agresor mediante distintas formas de violencia consigue el control y dominio de la mujer.

- De carácter público y privado.
- Un problema de salud, y así fue declarado en 1998 por la OMS (Organización Mundial de la Salud).
- Un acto que no solo se manifiesta de forma física, sino que adopta diferentes formas y se produce en diferentes contextos, como se verá en el apartado siguiente.

NOTA

La violencia contra la mujer tiene como base la perspectiva de género y como origen una cuestión social, basada en las relaciones desiguales de poder de los hombres sobre las mujeres, que se manifiesta de diferentes formas y en diversos contextos, ocasionando graves consecuencias en la salud de las mujeres y en sus hijos e hijas.

En concreto los factores que influyen y perpetúan la violencia de género son:

- **Factores culturales:**

  - Socialización de género.
  - Establecimiento de roles sexuales apropiados para mujeres y hombres.
  - Expectativas del cumplimiento de determinados roles dentro de las relaciones.
  - Persistencia de la visión social de la superioridad de los hombres respecto a las mujeres.
  - Establecimiento de valores que dan a los hombres derechos de propiedad sobre las mujeres y las niñas.
  - La noción de la familia como una esfera privada y bajo el control masculino.
  - Costumbres matrimoniales (como la dote).
  - Aceptación de la violencia como un medio para resolver los conflictos.

- **Factores políticos:**

  - Escasa representación y participación de las mujeres en el poder, en la política, en los medios de comunicación, la medicina y el derecho.
  - No tomar en serio la violencia machista.
  - Riesgo de desafiar al *statu quo* y a las leyes religiosas.
  - Falta de organización de las mujeres como una fuerza política.

Ⴢ Factores económicos:

- Tradicional dependencia económica de las mujeres respecto a los hombres.
- Acceso limitado de las mujeres al dinero y a los créditos.
- Acceso al empleo de las mujeres en peores condiciones que a los hombres.

Ⴢ Factores legales:

- Menor estatus legal de las mujeres.
- Menor nivel de formación legal entre las mujeres.
- Falta de sensibilidad en el tratamiento de las niñas y mujeres por parte de la policía y la judicatura.

Comprender los componentes de este proceso permite explicar cómo surge y evoluciona el maltrato, y cómo se genera el deterioro psicológico de la mujer y su dificultad para abandonar la relación.

La violencia contra la mujer en el ámbito de la pareja se caracteriza fundamentalmente por una **escalada progresiva en la forma e intensidad** de la violencia y por la repetición de un patrón cíclico. Al principio, con **conductas restrictivas y controladoras** de apariencia amorosa (control sobre la ropa, las amistades, actividades, horarios, etc.), siendo estas conductas no consideradas como violentas por la mujer.

Cuando estas conductas se asumen provocan en las víctimas dependencia, alejamiento de familiares y amigos, y pérdida de autoestima, autonomía, capacidad de decisión y seguridad personal. A su vez, aparecen dos aspectos que se mantendrán a lo largo de todo el proceso, la **negación del problema** y la **justificación de la conducta dominante y agresiva** del hombre como parte de un carácter fuerte. Todo esto impedirá que la mujer pueda percibir cualquier agravamiento de la violencia.

 IMPORTANTE

Por tanto, la violencia tiene una estructura piramidal en la que se encuentran estas conductas de control y dominio que proporcionarán la base para otras formas de violencia de mayor intensidad y gravedad (violencia psicológica, física y sexual). Esto se conoce como la escalada de la violencia.

A continuación, podrás observar el **modelo de escalada de la violencia de género:**

3.1. Ciclo de la violencia de género

Según la autora Leonor Walker (1979), tras analizar numerosos casos de violencia en parejas encontró que todas compartían un **patrón cíclico** en las manifestaciones de violencia. A esta pauta la denominó ciclo de la violencia y consta de tres fases:

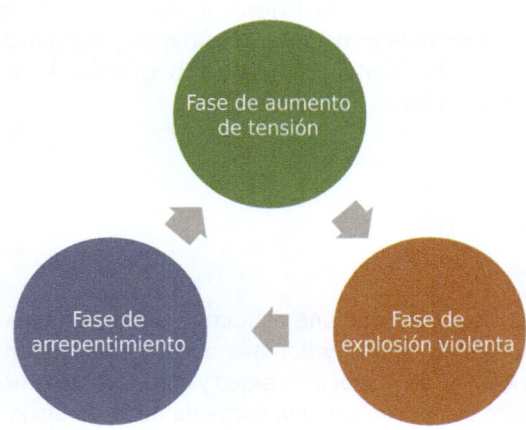

A continuación, se definen los comportamientos de la víctima y el agresor durante cada una de las fases.

Fase de aumento de tensión

Esta fase puede durar desde unos días hasta años. El agresor sufre **cambios de humor,** empieza a mostrarse **tenso e irritable,** por cualquier cosa que haga o diga la mujer.

La víctima trata de justificarlo y negarlo, y con frecuencia intenta controlar factores externos que podrían provocar la explosión de ira del agresor y un incidente agudo de violencia. Para ello, en numerosas ocasiones se aleja de sus familiares y amigos por temor a que el agresor pueda enfadarse. De este modo, la víctima **pierde el amparo de su círculo más cercano,** así como la posibilidad de recibir ayuda. El agresor, por su parte, intenta convencer a la mujer de que él tiene la razón y que ella es la responsable de su agresividad.

Las víctimas experimentan lo que se conoce como síndrome de indefensión aprendida. Estas mujeres han aprendido que no pueden hacer nada para evitar las situaciones de violencia. Piensan que no pueden impedir las agresiones y utilizan técnicas como la evitación o la negación del problema para tratar de que la tensión no aumente.

Fase de explosión violenta

Es la fase más corta de todas, consiste en una **descarga incontrolada de las tensiones** que se han ido acumulando durante la primera fase. Es precisamente esta pérdida de control lo que diferencia estas agresiones de las ocurridas durante la primera fase.

Los ataques pueden ser de diversos tipos (físicos, psicológicos y sexuales), al igual que puede variar su duración e intensidad dependiendo del momento de la escalada de la violencia en que se encuentre.

Tras las agresiones, el hombre consciente de la gravedad de sus actos y temiendo las consecuencias negativas, trata de justificar o quitarle importancia a su comportamiento con excusas como el estrés del trabajo o la bebida.

Por el contrario, la mujer se siente **impotente y débil** frente a su agresor. Puede permanecer aislada por varios días, pero suele ser tras este período cuando, finalmente, se atreve a buscar algún tipo de ayuda o decidirse a denunciar.

Fase de arrepentimiento

También conocida como fase de luna de miel. Se caracteriza por una **actitud de arrepentimiento** del agresor. Trata de reparar el daño con promesas de cambio y regalos. El hombre se muestra mucho más atento con ella, más cariñoso y detallista. Esto hace que la mujer piense que no volverá a agredirla más.

Esta fase **se irá diluyendo poco a poco** para dar paso, nuevamente, a un incremento progresivo de la tensión (fase primera).

Con cada repetición del ciclo que se produzca la fase de arrepentimiento se irá haciendo más corta hasta desaparecer por completo y las agresiones serán cada vez más frecuentes y violentas, provocando un aumento progresivo en la escalada de violencia.

4. Formas de violencia contra las mujeres

La violencia de género adopta diversos modos de ejercerla y esta se produce en diversos contextos. A continuación, veremos cuáles son las diferentes formas de ejercerla y los contextos más proclives en los que tiene lugar.

4.1. Modalidades

En cuanto a los tipos de violencia existe coincidencia en la mayoría de la literatura en considerar que la violencia de género adopta tres formas principales: **violencia física, sexual y psicológica,** incluyendo esta última las formas verbal y emocional.

Sin embargo, las normas nacionales y autonómicas que regulan la violencia de género consideran que existen otros tipos tales como la violencia **económica, vicaria y digital.**

A continuación, se analizarán detalladamente cada uno de estos tipos de violencia de género.

Violencia física

Se entiende como violencia física cualquier acto **intencional y voluntario** mediante el uso de la fuerza física o de objetos que provoque o pueda provocar **lesión o daño físico** en la mujer, como abofetear, empujar, golpear, tirones de pelos, pellizcos, dar patadas, morder, estrangular, quemar, mutilación genital, tortura, asesinato, etc.

Violencia sexual

Se define como cualquier acto o expresión sexual realizada **contra la voluntad y sin consentimiento,** que atente contra la libertad sexual y la dignidad de la mujer, aunque no conlleve la utilización de fuerza física. Entre otras conductas, este tipo de violencia incluye: la violación, la mutilación genital, el matrimonio forzado, la trata con fines de explotación sexual, el acoso sexual y por razón de sexo, la amenaza sexual, la exhibición, observación e imposición de prácticas sexuales.

Violencia psicológica (verbal y emocional)

La violencia psicológica adopta normalmente acciones de **carácter verbal, emocional y social.** Estas incluyen el empleo de mecanismos de control y comunicación que atentan contra la integridad psicológica. De este modo, esta violencia incluiría actos que suponen la limitación del ámbito de libertad de la mujer, como amenazas, humillación, vejación, menosprecio, desprecio, sumisión, insultos, aislamiento, etc. Este tipo de violencia no solo se da en la mujer, sino que se puede producir también en su entorno familiar, bienes y propiedades, con el objetivo de intimidar o afligir a la víctima.

Violencia económica

La violencia de tipo económica se basa en la **desigualdad en el acceso a los recursos económicos y patrimoniales compartidos.** Incluye la negación o control del acceso al dinero común, generar dependencia económica, impedir su acceso a un puesto de trabajo, a la educación o a la salud, negarle los derechos de propiedad, etc.

Ciberviolencia

Este tipo de violencia es la ejercida contra la mujer a través de las redes sociales y las tecnologías de la información con el fin de causar daño o dominio sobre ella. Incluye conductas como acoso, amenazas, difamación, pornografía no consentida, insultos por razón de sexo, extorsión sexual, difusión de imágenes íntimas, etc.

Violencia vicaria

Se da cuando se aplica cualquier tipo de violencia contra los/as hijos/as, con el único objetivo de ocasionar el mayor daño psicológico posible a la madre. También se puede considerar como violencia vicaria la ejercida sobre los menores de edad, personas mayores o personas con discapacidad que dependan de la mujer y convivan en el entorno familiar.

 SABÍAS QUE...

Numerosos estudios concluyen que los diferentes tipos de violencia se solapan entre sí. Y por tanto, no suelen aparecer de forma separada o aislada, sino que se presentan de forma combinada.

4.2. El acoso sexual en el trabajo

Reconocer el acoso sexual y el acoso por razón de sexo es determinante para que puedan ser denunciados. Según la ley Orgánica 3/2007, se considera **acoso sexual** *cualquier comportamiento, verbal o físico, de naturaleza sexual que tenga el propósito o produzca el efecto de atentar contra la dignidad de una persona, en particular cuando se crea un entorno intimidatorio, degradante u ofensivo.* Se convierte en víctima la persona que soporta estas conductas cuando no las desea.

 EJEMPLO

En una empresa, el gerente le pide citas reiteradamente a una empleada, a pesar de que ella le ha dicho que no está interesada. Diariamente trabajan

Continúa en página siguiente >>

<< Viene de página anterior

juntos y no cesa en su intento. Ella no puede cambiar su espacio de trabajo y tiene que soportar sus insinuaciones. Es un caso de acoso sexual en el trabajo.

Atendiendo a su gravedad, se puede categorizar el acoso sexual en el trabajo en tres grupos:

Acoso leve	Acoso grave	Acoso muy grave
Son los chistes de contenido sexual, los piropos y comentarios sexuales sobre las trabajadoras, la petición de citas de forma reiterada, el acercamiento excesivo y la invasión del espacio personal, las miradas y gestos insinuantes, etc.	Son las insinuaciones sexuales, la solicitud de relaciones sexuales, las preguntas sobre la vida sexual, etc.	Son los tocamientos no deseados, abrazos, besos, pellizcos, el acorralamiento a la víctima, las presiones para tener relaciones sexuales, el chantaje con el despido si no se accede a tener relaciones sexuales, el abuso sexual, etc.

Otro tipo de acoso es **por razón de sexo** que sucede cuando las actitudes y conductas no deseadas son motivadas por el sexo de la víctima. La ley lo define como *cualquier comportamiento realizado en función del sexo de una persona, con el propósito o el efecto de atentar contra su dignidad y de crear un entorno intimidatorio, degradante u ofensivo.*

 EJEMPLO

Una empresa quiere despedir a una mujer que acaba de incorporarse de la baja maternal, pero como es ilegal despedirla por este motivo, la molestan para que ella misma decida irse. Este sería un caso de acoso por razón de sexo.

Todas estas actuaciones han de ser denunciadas en la empresa, que debe aplicar el protocolo de prevención y actuación frente al acoso sexual y el acoso por razón de sexo, que está obligada a tener.

 **TAREA 3**

Atendiendo a las siguientes situaciones, identifica de qué tipo de violencia se trata, justificando tu respuesta:

a. Liliana es una chica de aspecto grueso y por ese motivo su pareja le hace comentarios groseros constantes, en privado y en público.
b. Fanny ha decidido poner fin a una relación "tóxica" con su pareja de hace tres años, pero este no lo acepta y le suele enviar chat con connotaciones sexuales a su móvil.
c. Paloma, tras varias palizas propinadas por su marido, decide separarse. En un régimen de visita a su hija menor, este le aplica un castigo tan extremo que le provoca daños físicos irreversibles.
d. Carmen, ama de casa, y Santiago, rector de universidad jubilado, son una pareja de octogenarios con buen nivel económico. Un día van juntos a la farmacia, Carmen pide una crema para las varices de las piernas, sin que el médico lo haya prescrito, y cuando Sebastián escucha el precio se niega a comprarla diciendo que él no tiene por qué pagarle caprichos con su dinero.

---

5. Costes económicos y sociales de la violencia de género

Además del gran impacto que genera la violencia de género sobre las mujeres, las familias y su entorno, también tiene un impacto económico y social.

La violencia de género genera unos **costes que son tanto económicos como sociales,** en concreto prevenir y actuar contra la violencia de género implica realizar un gasto en diferentes sectores:

- **Ámbito sanitario:** se deben cuantificar los costes derivados de la asistencia sanitaria que ha requerido cada víctima (atención primaria, médicos especialistas, urgencias, ingresos hospitalarios y pruebas diagnósticas complementarias), así como el gasto farmacológico ocasionado.
- **Ámbito psicológico:** se deben cuantificar los costes derivados de la asistencia psicológica recibida por las víctimas.
- **Ámbito legal:** se deben cuantificar los costes derivados del asesoramiento y representación jurídica de las víctimas (abogados, juicios rápidos, órdenes de protección y otros procedimientos legales).

⮞ **Ámbito social:** se deben cuantificar los costes derivados de las ayudas socioeconómicas prestadas a las víctimas (acogimiento, protección, subvenciones, búsqueda de empleo y de orientación y reinserción laboral).

⮞ **Ámbito policial:** se deben cuantificar los costes derivados de las prestaciones de los Cuerpos y Fuerzas de Seguridad del Estado.

 SABÍAS QUE...

En diciembre de 2017 se aprobó el *Pacto de Estado contra la Violencia de Género,* que dotaba de recursos económicos a las administraciones públicas, tanto autonómicas como locales, para su lucha contra este tipo de violencia.

6. Medidas contra la violencia de género

Para poder combatir la violencia de género es necesario desarrollar medidas dirigidas a la prevención, protección y provisión de servicios.

6.1. Apoyo institucional

La violencia de género no es una cuestión de ámbito privado, sino que es un problema que afecta a toda la sociedad creando una situación de desigualdad. Este tipo de violencia se dirige principalmente sobre las mujeres por el simple hecho de ser mujer y ser consideradas por sus agresores de su propiedad y sin respetar los derechos básicos de libertad, respeto y capacidad para decidir.

Debido a que la violencia de género es un problema de todos, se hace necesario que desde los organismos institucionales se apoye a esta cuestión y se establezcan **medidas de prevención y actuación** contra este tipo de violencia.

Legislación actual

Desde el marco legislativo europeo, estatal y autonómico vigente, se reconocen derechos a las víctimas de violencia de género.

En una primera aproximación, se debe destacar que desde el Parlamento Europeo, en concreto, en la Resolución del Parlamento Europeo, de 5 de abril de 2011, se propuso una estrategia para **combatir la violencia contra las mujeres,** como base para futuros instrumentos legislativos de derecho penal de lucha contra la violencia.

Posteriormente, concretamente el 25 de octubre de 2012, se aprobó la Directiva 2012/29/UE del Parlamento Europeo y del Consejo, por la que se establecen **normas mínimas** sobre los derechos, el apoyo y la protección de las víctimas de delitos. Para analizar y describir esta directiva, se seguirá el análisis organizativo de Pérez, N. (2014), en el que describen los derechos básicos que poseen las víctimas, como:

- **Derecho a la información.** La víctima desde el primer momento será informada sobre sus derechos y se le facilitará toda la información necesaria para la protección de sus intereses.
- **Derecho a la participación.** Con el objeto de facilitar la participación de la víctima se reconoce el derecho a ser escuchada y a aportar cualquier medio de prueba que estime oportuno durante todo el proceso penal y cualquier actuación previa y posterior. También está habilitado el uso de videoconferencias u otros medios de comunicación a distancia para reducir al mínimo cualquier dificultad en su participación en el proceso.
- **Derecho a la protección.** En cuanto a la toma de declaración y los reconocimientos médicos deberán ocurrir cuando sean estrictamente necesarios y justificados, y la víctima podrá estar acompañada por su abogado y por otra persona de su elección.
  Además, la víctima dispondrá de medidas especiales de protección (como las medidas cautelares o las órdenes de protección o alejamiento) que garantizarán su seguridad e intimidad y la de sus familiares en aquellas situaciones en que exista riesgo de represalias o una intención clara de perturbar su vida privada. Durante el proceso penal, la víctima tendrá derecho a evitar el contacto visual con el infractor, existiendo también la posibilidad de celebrar la audiencia a puerta cerrada.
- **Derecho a la asistencia.** Las víctimas tienen derecho a ser asistidas gratuitamente de forma integral y multidisciplinar, tanto en la fase previa como durante el proceso penal e incluso con posterioridad a este. Dicha asistencia abarcará el ámbito jurídico, social, psicológico y sanitario, y serán prestados por profesionales con formación adecuada dentro de servicios especializados y organizaciones de apoyo, tanto públicas como no gubernamentales, y podrán organizarse con carácter profesional o

voluntario, intentando, eso sí, evitar derivar a las víctimas de forma reiterada e innecesaria de un servicio a otro.

➲ **Derecho a la reparación.** Los Estados garantizarán a la víctima la obtención de una indemnización a cargo del infractor en el marco del proceso y en un plazo razonable. Así mismo, el propio sistema policial y judicial debe garantizar que la víctima no sufra daños colaterales innecesarios durante el proceso.

Por otro lado, a efectos estatales, tenemos la Ley Orgánica 1/2004, de 28 de diciembre, de Medidas de Protección Integral contra la Violencia de Género que parte de la base de que la violencia de género es un problema de carácter transversal, que **afecta a todos los sectores de la sociedad** y precisa soluciones que incidan en la multiplicidad de sus causas y efectos.

Por esto, la respuesta institucional debe ser global y con decisiones que tengan **fuerza de ley.** Este carácter transversal se ve claramente en el tipo de medidas que este texto legal recoge para actuar contra la violencia de género, como son:

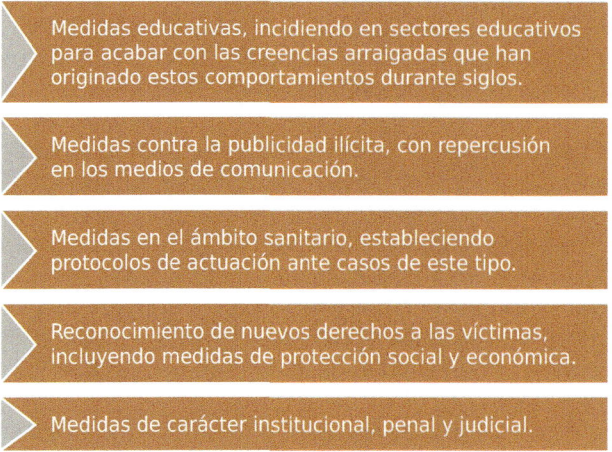

Medidas educativas, incidiendo en sectores educativos para acabar con las creencias arraigadas que han originado estos comportamientos durante siglos.

Medidas contra la publicidad ilícita, con repercusión en los medios de comunicación.

Medidas en el ámbito sanitario, estableciendo protocolos de actuación ante casos de este tipo.

Reconocimiento de nuevos derechos a las víctimas, incluyendo medidas de protección social y económica.

Medidas de carácter institucional, penal y judicial.

En concreto esta ley consagra y garantiza a las víctimas de violencia de género una serie de derechos con la finalidad de que puedan **poner fin a la relación violenta y recuperar su proyecto de vida.** A su vez, a estos derechos deben unirse todos los derechos que como ciudadanos se tienen reconocidos en las diferentes leyes.

Estos derechos pueden clasificarse, según Martínez, E. (2008), en dos tipos, los **derechos procesales y los extraprocesales,** siendo estos últimos los siguientes:

➲ Derecho a tener plena información y asesoramiento sobre su situación, sobre los recursos y servicios disponibles, acerca de las consecuencias derivadas de la denuncia y sobre los derechos y obligaciones que pueda tener la Administración a partir de ese momento.

➲ Derecho a la asistencia social integral, tanto para las víctimas como para sus hijos e hijas, donde se recogen servicios de atención primaria, emergencias, acogida y recuperación.

➲ Derechos laborales y prestaciones de la Seguridad Social, como reducción de la jornada laboral, movilidad geográfica, cambio de centro de trabajo, extinción del contrato de trabajo, adaptación del puesto de trabajo a la discapacidad cuando sea necesaria para la reincorporación, suspensión de contrato con reserva del puesto sin dejar de cotizar a la Seguridad Social. Además se podrán justificar ausencias o faltas de puntualidad sin que esto suponga motivo de despido por incumplimiento del contrato.

➲ Derechos económicos, ya que las víctimas en situación de desempleo tendrán derecho a ayudas económicas (como la Renta Activa de Inserción, (RAI) o el Ingreso Mínimo Vital, IMV) o cuando presenten dificultades especiales para obtener un empleo (ayuda económica específica para mujeres víctimas de violencia de género con especiales dificultades para obtener un empleo). Además, podrán tener acceso prioritario a una vivienda de protección oficial, acogerse a la suspensión de lanzamientos sobre su vivienda habitual, acceder a las ayudas del Plan Estatal de Vivienda y optar a una plaza en una residencia para la tercera edad, si fuera el caso. En el supuesto de impagos en las pensiones alimenticias, podrán solicitar anticipos a través del Fondo de Garantías de Alimentos.

➲ Derecho a la escolarización inmediata de los hijos e hijas que se vean afectados por un cambio de residencia derivada de los actos de violencia de género.

➲ Derecho al cambio de apellidos a efectos de lograr su seguridad.

➲ En el caso de que la víctima sea extranjera en situación de irregularidad podrá solicitar una autorización de residencia y trabajo por circunstancias excepcionales como víctima de violencia de género, tanto para ella como para sus hijos e hijas menores y/o con discapacidad.

➲ Derecho a la atención sanitaria, sobre todo psicológica y psiquiátrica, de la víctima y de sus hijos e hijas.

Por otro lado, los derechos procesales son los que se citan a continuación:

➲ Derecho a su asistencia jurídica gratuita, a la defensa y representación gratuitas por abogado/a y procurador/a.

- Derecho a un tratamiento respetuoso de su intimidad y de protección. Posibilidad de celebrarse el proceso penal a puerta cerrada y de solicitar el secreto de su localización y el de su familia.
- Derecho a ser informada de las diferentes actuaciones y situación del (presunto) agresor. La víctima tiene derecho a conocer todos los datos correspondientes a la situación del agresor (situación personal, salidas de prisión, etc.), con la finalidad de protegerse de posibles nuevas agresiones.
- Derecho a una gestión adecuada y eficaz de su caso.
- Derecho a la reparación de la víctima, que comprende la indemnización; las medidas aplicables en su recuperación física, psíquica y social; las acciones de reparación simbólica (restablecimiento de la dignidad de la víctima, reconocimiento de la vulneración de sus derechos); y las garantías de no repetición.
- Derecho a la eficacia en la recogida de las pruebas.
- Derecho a retractarse de las declaraciones formuladas contra el denunciado ante la comisaria o ante un juez.
- Derecho a una protección penal y civil para su seguridad y para su familia.

Otra normativa a destacar a nivel estatal es la Ley Orgánica 3/2007, de 22 de marzo, para la igualdad efectiva de mujeres y hombres. Aunque esta ley tiene por finalidad **acabar con la discriminación por razón de género** que soportan fundamentalmente las mujeres y asegurar la aplicación estricta del principio de igualdad. También hace alusión directa a la **lucha contra la violencia de género,** estableciendo que los poderes públicos deberán adoptar las medidas necesarias para la erradicación de la violencia de género, la violencia familiar y todas las formas de acoso sexual y acoso por razón de sexo.

Además de esta norma, a nivel estatal se encuentran: la Ley Orgánica 8/2021, de 4 de junio, de protección integral a la infancia y la adolescencia frente a la violencia; la Ley Orgánica 2/2022, de 21 de marzo, de mejora de la protección de las personas huérfanas víctimas de la violencia de género; la Ley 15/2022, de 12 de julio, integral para la igualdad de trato y la no discriminación; la Ley Orgánica 6/2022, de 12 de julio, complementaria de la Ley 15/2022, de 12 de julio ; y la Ley Orgánica 10/2022, de 6 de septiembre, de garantía integral de la libertad sexual.

Además, todas las comunidades autónomas deben tener su propia normativa contra la violencia de género para así adaptar las previsiones recogidas en la Ley Orgánica 1/2004, de 28 de diciembre, de Medidas de Protección Integral contra la Violencia de Género.

IMPORTANTE

La Directiva (UE) 2024/1385 del Parlamento Europeo y del Consejo, de 14 de mayo de 2024, sobre la lucha contra la violencia contra las mujeres y la violencia doméstica es la primera norma europea contra la violencia de género.

Organizaciones institucionales

Con el fin de apoyar y promover los derechos y las necesidades de las víctimas existen diversos servicios y recursos a nivel estatal, autonómico y local. La gestión de los recursos es una labor necesaria para facilitar a las víctimas una **atención eficaz e integral.**

Teléfonos de ayudas

Entre los teléfonos de información y asesoramiento se destacan a nivel nacional los siguientes:

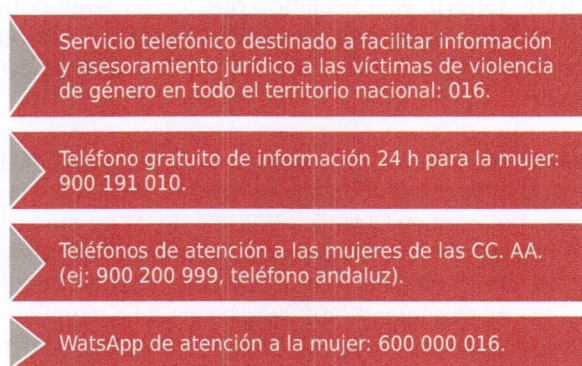

Servicio telefónico destinado a facilitar información y asesoramiento jurídico a las víctimas de violencia de género en todo el territorio nacional: 016.

Teléfono gratuito de información 24 h para la mujer: 900 191 010.

Teléfonos de atención a las mujeres de las CC. AA. (ej: 900 200 999, teléfono andaluz).

WatsApp de atención a la mujer: 600 000 016.

NOTA

Además, existe el número telefónico 112 de acceso a los servicios de atención de urgencias en todo el territorio nacional. Es un servicio gratuito, de asistencia y atención inmediata en todo el territorio nacional, dirigido a los ciudadanos que se encuentren en una situación de urgente necesidad, incluyendo, por tanto, las situaciones de agresiones en violencia de género.

Centros de información y asistenciales

Además, desde diferentes centros también se ofrece información y asistencia a las víctimas de violencia de género, entre los que se encuentran:

Atención Sanitaria	Atención de las Fuerzas y Cuerpos de Seguridad del Estado	Servicio de Atención y Protección para Víctimas de Violencia de Género (ATENPRO)	Centros de Atención a la Mujer	Punto Violeta

A continuación, se definen las competencias de cada centro.

Atención Sanitaria

Desde los Servicios de Atención de Urgencias, Atención Primaria y Especializada se realizan actuaciones dirigidas a la **atención de la salud física, psicológica y psiquiátrica** de las víctimas, así como la detección precoz de la violencia de género y la prevención de la misma.

Atención de las Fuerzas y Cuerpos de Seguridad del Estado

Dentro de los Cuerpos de Seguridad del Estado se encuentran unidades y servicios específicos en materias de violencia de género tales como:

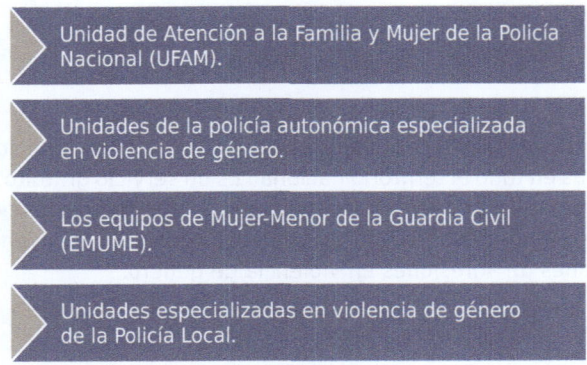

Unidad de Atención a la Familia y Mujer de la Policía Nacional (UFAM).

Unidades de la policía autonómica especializada en violencia de género.

Los equipos de Mujer-Menor de la Guardia Civil (EMUME).

Unidades especializadas en violencia de género de la Policía Local.

Servicio de Atención y Protección para Víctimas de Violencia de Género (ATENPRO)

El Servicio Telefónico de Atención y Protección para Víctimas de la Violencia de Género (ATENPRO) es una modalidad de servicio que ofrece a las víctimas de violencia de género una **atención inmediata las 24 h del día,** los 365 días del año y sea cual sea el lugar en que se encuentren.

El servicio se basa en la utilización de tecnologías de comunicación, telefónica móvil y de telelocalización. Permite que las mujeres víctimas de violencia de género puedan entrar en contacto con un centro atendido por personal específicamente preparado para dar una **respuesta adecuada a su situación,** bien por sí mismo o movilizando otros recursos humanos y materiales existentes en la comunidad.

Centros de Atención a la Mujer

Desde el Instituto de las Mujeres se ofrecen multitud de recursos, entre los que se encuentra el servicio de atención telefónica, los diferentes centros de la mujer e incluso un servicio de consulta *online* accediendo a su página web. El Instituto de las Mujeres dispone de Centros de Atención a la Mujer en las comunidades autónomas y provincias españolas, que pueden consultarse desde su página web.

Otros centros donde se da atención a la mujer son los siguientes:

Servicios Sociales y Comunitarios.

Continúa en página siguiente >>

<< Viene de página anterior

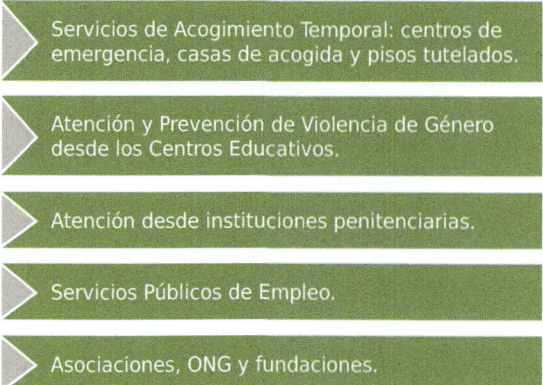

Punto Violeta

El Ministerio de Igualdad ha creado este instrumento para hacer partícipe a toda la sociedad en la lucha contra la violencia machista. A través de él se da a conocer la información necesaria para actuar ante esta situación y acercar los servicios a las víctimas.

Las herramientas de las que dispone el Punto Violeta consisten en:

➲ Una Guía de actuación frente a la violencia machista.
➲ Materiales diversos para empresas, asociaciones, organismos públicos, etc., tales como carteles y adhesivos provisto de un código QR que redirige al usuario a la guía de actuación.
➲ Distintivo de identificación de personas colaboradoras en la lucha contra la violencia machista.

Guía de recursos

Además, de los recursos que se han analizado como los teléfonos disponibles para las víctimas de violencia de género y sus familias, y los centros de información y asistenciales, existen otra serie de recursos que luchan por conseguir la igualdad de oportunidades y **eliminar cualquier clase de violencia por cuestión de género.**

A continuación, se describen los tipos de recursos que se encuentran en este grupo.

Servicio estatal de información de recursos a través de internet

La Delegación del Gobierno contra la Violencia de Género cuenta con la web de recursos de apoyo y prevención ante casos de violencia de género (WRAP) que permite la **localización sobre mapas activos** de los distintos recursos (policiales, judiciales y de información, atención y asesoramiento) que las Administraciones públicas y las entidades sociales han puesto a disposición de la ciudadanía y de las víctimas de violencia de género.

Recursos de vivienda

Se pretende garantizar el derecho a la vivienda de una víctima de violencia de género que tenga que salir de su casa y no tenga donde ir. Para ello se han puesto en marcha dos tipos de recursos:

- **Recursos de alojamiento temporal:** mediante estos se busca proporcionar alojamiento a la mujer cuando sufre una situación de violencia que le hace tener que dejar su hogar, por ser la situación insostenible o de alto riesgo. Existen tres tipos de centros destinados para ello:

  - **Centros de emergencia:** es un recurso de acogida inmediata, que funciona las 24 h, destinado a proporcionar un alojamiento seguro e inmediato, así como manutención y otros gastos a las mujeres víctimas de violencia de género y a los/as menores a su cargo. Suelen estar previstos para una estancia corta (como máximo dos meses). Sirven para apoyar en los primeros momentos de toma de decisión.
  - **Centros de acogida:** en este recurso se ofrece alojamiento seguro, manutención y otros gastos a mujeres y personas a su cargo por el tiempo necesario para su recuperación, que suele ser doce meses.
  - **Pisos tutelados:** ofrecen alojamiento y seguimiento psicosocial a las mujeres y personas a su cargo que hayan acabado el proceso en un centro de acogida, pero aún necesitan ayuda para alcanzar su autonomía, por un tiempo máximo de dieciocho meses.

- **Acceso prioritario a viviendas:** se ha puesto en marcha un programa en el que las mujeres víctimas de violencia de género son consideradas como un colectivo prioritario en el acceso, tanto a viviendas protegidas como a residencias públicas para mayores.

Recursos en materia de empleo

En materia de empleo cabe destacar los siguientes recursos:

- **Programa de Renta Activa de Inserción (RAI):** es un programa gestionado por el Servicio Público de Empleo Estatal (SEPE) con la colaboración de los Servicios Públicos de Empleo de las comunidades autónomas, de apoyo a la inserción laboral de colectivos con especiales dificultades para incorporarse al mercado de trabajo y en situación de necesidad económica. Conlleva el pago de una renta mensual y ayudas suplementarias en determinados supuestos.
- **Programa para la inserción laboral de víctimas de violencia de género:** comprende bonificaciones en las cuotas de la Seguridad Social a las empresas que contraten mujeres víctimas de violencia de género, incentivos para el empleo autónomo, incentivos para facilitar la movilidad geográfica de algunas mujeres, fomento de convenios para la contratación con empresas, etc.

Prestaciones económicas

Además de los recursos citados anteriormente, las instituciones ponen a disposición de las víctimas las siguientes prestaciones económicas:

- **Sistema de ayudas públicas** en beneficio de las víctimas directas e indirectas de los delitos dolosos y violentos, cometidos en España, con el resultado de muerte, de lesiones corporales graves o de daños graves en la salud física o mental (Ley 35/1995, de 11 de diciembre, de ayudas y asistencia a víctimas de delitos violentos y contra la libertad sexual).
- **Ayuda pública de pago único** para víctimas con especial dificultad para el empleo por su edad, falta de preparación general o especializada y circunstancias sociales y con escasos recursos económicos. La cuantía es equivalente a seis meses de subsidio de desempleo salvo algunas excepciones en que se aumenta (Real Decreto 1452/2005, de 2 de diciembre).
- **Ingreso mínimo vital** es una prestación para prevenir el riesgo de pobreza y de exclusión social de, entre otras personas, las mujeres víctimas de violencia de género. Esta prestación, regulada en la Ley 19/2021, de 20 de diciembre, consiste en una cuantía mensual que es percibida mientras persistan las circunstancias por las que se otorgó.

Medidas judiciales de protección y de seguridad de las víctimas

Existen una serie de medidas judiciales cuyo objetivo es proteger y dar seguridad a las víctimas; estas son:

Orden de alejamiento	Orden de protección

- Es una medida penal adoptada de forma cautelar que obliga al agresor a un distanciamiento con respecto a la víctima para asegurarle su integridad física y moral. La orden de alejamiento comprende:
  - Salida del domicilio por parte del agresor.
  - Prohibición de aproximación a la víctima y/o a sus familiares u otras personas a la distancia que se determine.
  - Prohibición de acudir o volver a determinados lugares:centro de trabajo de la víctima, centros escolares de los hijos e hijas o al lugar de la agresión.
  - Prohibición de residir en una determinada población.
  - Suspensión de las comunicaciones por cualquier medio: carta, teléfono, internet, etc.
	- Esta es una resolución judicial que dicta el órgano judicial competente en los casos que, existiendo indicios fundados de la comisión de un delito o falta, aprecia la existencia de una situación objetiva de riesgo para la víctima que requiere la adopción de medidas de protección. Estas medidas de protección pueden ser de naturaleza civil y penal.

Además de las medidas indicadas, también pueden acordarse:

- Omisión de datos relativos al domicilio de la víctima.
- Protección judicial de la víctima en las oficinas judiciales.
- Detención o prisión provisional del agresor.
- Incautación y prohibición de tenencia de armas al agresor.

Además, con respecto a las **medidas de naturaleza civil** que pueden adoptarse para garantizar la protección y la seguridad de las víctimas, se encuentran las siguientes:

- Asignación a la víctima del uso y disfrute de la vivienda, el mobiliario y el ajuar familiar.
- La atribución de la guarda y custodia de los hijos e hijas menores a la víctima.
- La suspensión al agresor del ejercicio de la patria potestad.
- La suspensión del régimen de comunicaciones, visitas y estancias del agresor con los hijos e hijas o determinación de la forma en que esta debe llevarse a cabo, por ejemplo, a través de un punto de encuentro.
- La fijación de una prestación de alimentos y/o de la pensión compensatoria.
- Cualquier otra medida que sea necesaria para apartar a los/as menores de un peligro o evitarles perjuicios.

🖉 ACTIVIDAD 2

El primer paso para combatir la violencia de género es saber detectarla y saber cómo actuar. La Delegación del Gobierno contra la Violencia de Género pone a disposición de la víctima y su entorno diferentes recursos.

Realiza una búsqueda en su página web para localizar algunos de estos recursos, elegir uno de ellos y justificar el porqué de tu elección.

- -

6.2. Cambio de actitudes individuales para obtener nuevos modelos sociales

Las actitudes de una persona son adquiridas por las relaciones que se dan en su entorno y las experiencias vividas, es decir, las actitudes son algo que se aprende e incitan a las personas a reaccionar de una manera determinada ante otras personas o situaciones concretas.

Las actitudes que ha tomado la sociedad durante muchos años han contribuido a la aparición de la violencia de género, dando lugar a **comportamientos inadecuados y denigrantes** hacia las mujeres; algunos ejemplos de estas actitudes inadecuadas son:

> Comentarios sexualmente ofensivos.

> Sostenimiento de la idea de que hay cosas que las mujeres no pueden hacer por el hecho de ser mujeres.

> Perduración de estereotipos que sitúan a la mujer en la casa, dedicándose a las labores del hogar y cuidando a los hijos.

> Escaso apoyo a la incorporación de las mujeres al trabajo.

> Poca participación por parte de los hombres ante la conciliación laboral y familiar, ya que parece que es un problema que solo afecta a las mujeres por el hecho de que decidan trabajar.

Continúa en página siguiente >>

<< Viene de página anterior

> Desprecio sobre la inteligencia femenina haciendo callar a la mujer al no considerar relevante lo que puede aportar a una conversación.

Para poder cambiar el modelo social y evitar las situaciones de discriminación que sufren las mujeres en determinados momentos de su vida es necesario que la población adquiera valores de **tolerancia, respeto e igualdad.** Estos valores deben ser inculcados desde la infancia y por ello es el sector educativo el que ocupa un lugar muy importante. Las políticas de educación deben incluir medidas que permitan eliminar las desigualdades entre géneros, y enseñen a las personas a compartir, respetarse y convivir en armonía.

NOTA

También es importante la figura de la familia, ya que las primeras y las normas más básicas, actitudes y valores de los individuos son adquiridos en el seno familiar y en el contexto de unas relaciones presididas por el afecto y por la protección.

En un principio, los proyectos de sensibilización estaban encaminados a abrir los ojos a la víctima sobre la problemática de su situación y la necesidad de denunciar. En la actualidad, las líneas de trabajo van encaminadas en una dirección más amplia. Ahora el mensaje también se dirige a la población en general, con el fin de que se tome conciencia y se comprenda que la violencia de género no es algo que pasa en el ámbito privado de la mujer, sino que **es un problema social.**

6.3. Proyectos de prevención para la violencia de género

Dentro de las medidas contra la violencia de género se desarrollan numerosos programas y proyectos cuyo objetivo es la prevención, atención e intervención contra la violencia de género.

NOTA

Con los programas de prevención se pretende educar y formar a la sociedad en materia de violencia de género, para que puedan identificar una situación de violencia contra la mujer y actuar en consecuencia.

Estos procedimientos no solo han de estar enfocados a las mujeres que puedan ser víctimas sino a **la sociedad en su conjunto,** considerando a diferentes colectivos como jóvenes y adolescentes, inmigrantes, población gitana, mujeres con discapacidad, asociaciones de mujeres, etc. El mensaje que se transmita debe ir encaminado a paliar los efectos negativos de esta forma de violencia, a concienciar a la población con respecto a la gravedad del problema y a informar sobre la legislación española en este asunto, puesto que la violencia de género supone un delito.

Por tanto, se pueden llevar a cabo procedimientos o proyectos de sensibilización y de prevención orientados a:

A continuación, se analizarán cada uno de estos procedimientos y proyectos más detenidamente.

Población en general

Para la población en general algunos de los procedimientos utilizados son las **campañas de sensibilización** que tienen como objetivos:

⮩ Dar a conocer la existencia de la violencia de género y de la situación en que se encuentran estas víctimas.

⊃ Dar a conocer el ciclo de la violencia y su importancia en el mantenimiento de estas relaciones.

⊃ Informar sobre la necesidad de apoyo y participación de toda la sociedad.

Jóvenes y adolescentes

Para los jóvenes y adolescentes suelen llevarse a cabo **programas educativos y de formación** que consisten en la realización de talleres, como:

¿Qué es la violencia de género?	Resolución de conflictos	Fomento de las relaciones de pareja
Talleres informativos sobre qué es la violencia de género, cúales son sus inicios de manera que ellos mismos puedan identificarlos y qué es la escalada de la violencia. Además se plantean ejemplos positivos de relaciones basadas en valores como la igualdad en derechos de hombres, mujeres, coeducación.	Talleres de resolución de conflictos en los que puedan adquirir herramientas para la resolución positiva de los problemas.	Talleres para fomentar las relaciones de pareja basadas en la igualdad frente a las relaciones basadas en el abuso de poder y la discriminación.

Profesionales de los centros educativos

Los profesionales que trabajan en los centros educativos deben ser capaces de aplicar el principio de igualdad de oportunidades y ser capaces de enseñar cómo prevenir situaciones de violencia de género. Para ello, se realizan diferentes tipos de talleres como:

⊃ Talleres formativos sobre la prevención, detección y posterior actuación de los miembros de la comunidad educativa ante un posible caso de violencia de género.

⊃ Talleres formativos sobre coeducación, resolución de conflictos y prevención de la violencia.

Profesionales de los centros culturales y asociaciones

Desde los centros culturales y asociaciones, se realizan actividades de prevención sobre la violencia de género, como por ejemplo:

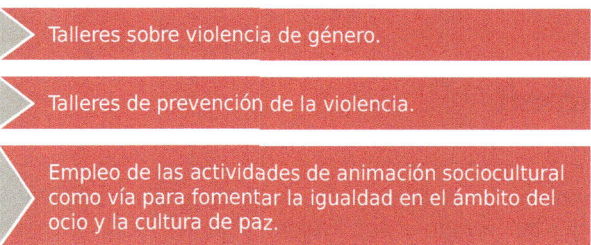

Talleres sobre violencia de género.

Talleres de prevención de la violencia.

Empleo de las actividades de animación sociocultural como vía para fomentar la igualdad en el ámbito del ocio y la cultura de paz.

Mujeres con discapacidad

Existen diferentes medidas dirigidas a colectivos de mujeres con discapacidad, con la finalidad de prevenir la violencia de género; entre estas medidas se encuentran:

- ➲ Talleres informativos sobre qué es la violencia de género, cuáles son sus inicios, cómo identificarla y cómo actuar en consecuencia.
- ➲ Talleres informativos sobre los recursos disponibles para las víctimas y los centros del entorno a los que puede acudir.

Mujeres inmigrantes

Existen diferentes medidas dirigidas a colectivos de mujeres inmigrantes con la finalidad de prevenir la violencia de género. Entre estas medidas se encuentran:

- ➲ Talleres informativos sobre la violencia de género y sus diferentes fases.
- ➲ Talleres informativos sobre la legislación española en materia de violencia de género y los recursos con que cuentan las víctimas.

Hombres

También deben realizarse campañas orientadas a los hombres, con la finalidad de prevenir la violencia de género. Entre estas medidas se encuentran:

- Talleres informativos sobre la violencia de género y las consecuencias que provoca en las víctimas.
- Planteamiento de ejemplos positivos de relaciones de pareja en los que se rompa con el arquetipo tradicional de masculinidad.
- Promoción de la igualdad de oportunidades entre hombres y mujeres.

7. Resumen

Tal y como ha establecido la Declaración Universal de los Derechos Humanos, todas las personas son iguales y tienen reconocidos los mismos derechos, pero la realidad es diferente.

Existen situaciones de desigualdad entre hombres y mujeres que desembocan en lo que hoy conocemos como violencia de género.

La violencia de género es un acto que genera un daño de carácter físico, psíquico o sexual, que atenta contra la dignidad de una persona. Son muchos los factores que influyen en las situaciones de violencia de género; en concreto estos son:

- Culturales
- Políticos
- Legales
- Económicos

En concreto, la violencia de género es un proceso cíclico donde se repiten pautas de comportamientos, tal y como podemos ver a continuación:

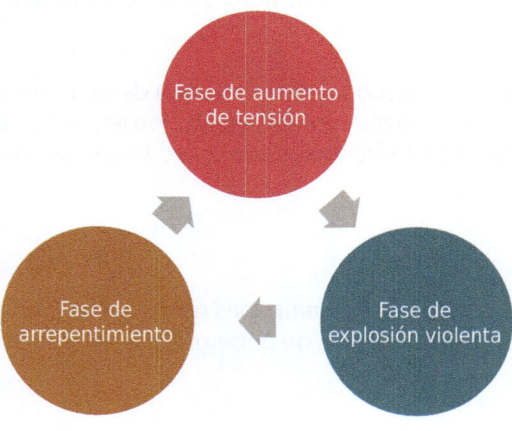

La violencia contra las mujeres no es solo física, existen muchas formas de causar daño en una mujer, basándose en el concepto de superioridad del hombre; en concreto las formas de violencia contra una mujer son:

- ➲ Física
- ➲ Vicaria
- ➲ Ciberviolencia
- ➲ Sexual
- ➲ Psicológica
- ➲ Económica

La violencia de género es un problema que afecta a toda la sociedad, por ello, para poder luchar contra la violencia de género es necesario establecer estrategias de sensibilización y prevención.

El apoyo institucional en esto es fundamental. Por ello, se han aprobado diferentes leyes que buscan eliminar este tipo de violencia y conseguir una situación de igualdad entre hombres y mujeres. Además, existen diversos servicios y recursos a nivel estatal, autonómico y local a disposición de la ciudadanía que ayudan a prevenir y a actuar en situación de violencia de género, como son:

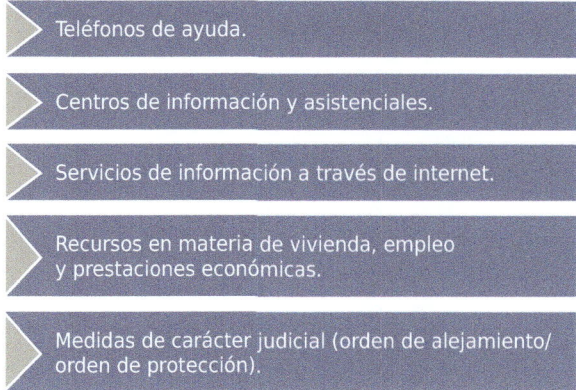

Teléfonos de ayuda.

Centros de información y asistenciales.

Servicios de información a través de internet.

Recursos en materia de vivienda, empleo y prestaciones económicas.

Medidas de carácter judicial (orden de alejamiento/ orden de protección).

En definitiva es importante cambiar la forma de actuar de las personas para poder obtener nuevos modelos sociales que eliminen la violencia de género y permitan situaciones de igualdad entre hombres y mujeres.

Ejercicios de autoevaluación
Unidad de Aprendizaje 3

1. Indica si las siguientes afirmaciones son verdaderas o falsas.

a. Los derechos humanos están reconocidos internacionalmente, siendo su aplicación obligada en todos los países.

   - Verdadero
   - Falso

b. Tras años de estudio e investigación se contempla que la violencia contra la mujer no se basa en la diferenciación biológica por sexo, sino que está basada en el género.

   - Verdadero
   - Falso

2. ¿Cuál de las siguientes fases no corresponde al ciclo de la violencia a la que hace referencia Leonor Walker?

a. Fase de convivencia pacífica.
b. Fase de aumento de la tensión.
c. Fase de explosión violenta.
d. Fase de arrepentimiento.

3. ¿Cuál de las siguientes acciones se engloba en la fase intermedia del modelo de escalada de la violencia de género?

a. Invisibilizar.
b. Culpabilizar.
c. Uso de un lenguaje sexista.
d. Agresión verbal.

4. La violencia que se ejerce a los hijos e hijas de la víctima para ocasionarle el mayor dolor posible se denomina...

a. ... violencia parental.
b. ... violencia económica.

c. ... violencia vicaria.
d. ... violencia psicológica.

Glosario

Acciones positivas

Son estrategias destinadas a establecer la igualdad de oportunidades por medio de medidas que permitan contrarrestar o corregir las discriminaciones que son el resultado de prácticas o sistemas sociales.

Androcentrismo

Ideología que discrimina a la mujer, ya que parte de la idea de que el hombre es el ser más importante y trascendente para el funcionamiento de la sociedad. Considera al hombre como el centro del universo y sobre el que giran todas las cosas.

Brecha digital de género

Es la diferencia del uso de las TIC entre hombres y mujeres, expresada en puntos porcentuales.

Brecha salarial de género

Es la diferencia que existe entre el salario que cobran las mujeres y los hombres por desempeñar un mismo trabajo.

Coeducación

Es un método educativo que busca desarrollar las capacidades de los niños y de las niñas a través de la educación. Se trata de educar desde una perspectiva de género, inculcando el principio de igualdad y valorando por igual las oportunidades de niños y niñas.

Conciliación de la vida personal, familiar y laboral

Capacidad de compatibilizar el trabajo remunerado con el trabajo doméstico y/o responsabilidades familiares, y con el tiempo libre que permita el desarrollo personal de cada persona.

Corresponsabilidad

Reparto de las responsabilidades domésticas entre hombres y mujeres de forma que se consiga una distribución equilibrada de los espacios públicos, domésticos y privados.

Currículum oculto

Es el conjunto de normas, costumbres, símbolos, formas de comportamiento y de comunicación, que se aprecian en el funcionamiento de la institución educativa.

Democracia paritaria

Sistema de gobierno que representa a hombres y mujeres por igual, partiendo de la idea de que si las mujeres son la mitad de la ciudadanía deben ser así mismo la mitad de sus representantes.

Discriminación por razón de sexo

Toda distinción, exclusión o restricción basada en el sexo que tenga por objeto o por resultado menoscabar o anular el reconocimiento, goce o ejercicio por las mujeres, con independencia de su estado civil, sobre la base de la igualdad del hombre y de la mujer, de los derechos humanos y las libertades fundamentales en las esferas políticas, económicas, sociales, culturales y civiles o en cualquier otra esfera (Asamblea General de Naciones Unidas, diciembre de 1979).

Empoderamiento

Procede del término *empowerment,* que significa "ganar poder", fortalecerse personalmente en la posición social, económica y política.

Estereotipos de género

Conjunto de cualidades y características psicológicas y físicas que una sociedad asigna a hombres y a mujeres por el hecho de considerarlos diferentes en función al sexo.

Feminismo

Fenómeno social y político que supone la toma de conciencia de las mujeres de la opresión y dominación que han sufrido durante años por parte de los hombres.

Género

Hace referencia al conjunto de actitudes y conductas que una sociedad atribuye a cada sexo (hombre o mujer). Es decir, es la creación de una cultura que establece diferencias entre los hombres y mujeres, identificando características sociales, culturales, políticas, psicológicas, jurídicas o económicas diferentes para las personas, por la condición de ser hombre o mujer.

Lenguaje no sexista
Es aquel que no excluye ni valora más a un género que a otro, ya que muestra a las mujeres y a los hombres de igual forma, evitando expresiones que discriminen o infravaloren a las mujeres.

Mainstreaming de género
La organización (la reorganización), la mejora, el desarrollo y la evaluación de los procesos políticos, de modo que la perspectiva de la igualdad de género se incorpore en todas las políticas, a todos los niveles y en todas las etapas, por los actores normalmente involucrados en la adopción de medidas políticas (Consejo de Europa 1999).

Machismo
Es un sistema ideológico y de legitimación de la desigualdad, que considera a los hombres superiores a las mujeres.

Mercado de trabajo
Lugar donde se produce la relación entre las personas que buscan trabajo remunerado por cuenta ajena (demanda) y las empresas o empleadores/as que ofrecen un trabajo (oferta).

Patriarcado
Es una forma de organización política, económica, religiosa y social basada en que la autoridad y el liderazgo lo ejerce el hombre.

Población activa
Habitantes de una determinada zona geográfica que están en edad de trabajar y o bien desempeñan un trabajo remunerado (sea por cuenta propia o por cuenta ajena) o se encuentran buscando empleo.

Población inactiva
Habitantes de una determinada zona geográfica que no trabajan porque se ocupan de su hogar, estudiantes, jubilados/as o prejubilados/as, personas que tienen una pensión, personas que realizan trabajos sociales sin remuneración...

Población ocupada
Habitantes de una determinada zona geográfica en edad de trabajar que desempeñan un trabajo remunerado, bien sea por cuenta propia como por cuenta ajena.

Población parada
Habitantes de una determinada zona geográfica en edad de trabajar, que no trabajan pero quieren hacerlo y se encuentran buscando empleo.

Publicidad sexista
Tipo de publicidad que no muestra una situación real de las mujeres, determina situaciones de desigualdad, subordinación ante los hombres, toma a la mujer como referente de belleza, objeto sexual o ama de casa.

Representación paritaria
Significa que mujeres y hombres están representados de una forma equilibrada, prestando especial atención a la presencia femenina.

Roles de género
Conjunto de pautas de acción y comportamiento asignadas a mujeres y a hombres e inculcadas a ellos, persistentes según los criterios vigentes en una sociedad.

Sororidad
Significa alianza entre mujeres con el objetivo de eliminar las desigualdades.

Segregación laboral por género
Existencia de un mercado de trabajo que se encuentra organizado en base a puestos de trabajo de definición masculina y femenina.

Sexo
Hace referencia a las características biológicas, físicas, anatómicas o fisiológicas con las que nacen las personas.

Sexismo
Actitud que promueve diferencias entre las personas cuando se atribuyen determinadas características a uno u otro sexo, dando un mayor valor a uno de ellos.

Techo de cristal
Barrera invisible que limita el desarrollo profesional de las mujeres y les impide seguir avanzando y optar a puestos de mayor responsabilidad.

Violencia de género
Todo acto de violencia de género que resulte o pueda tener como resultado un daño físico, sexual o psicológico para la mujer, inclusive las amenazas de tales actos, la coacción o la privación arbitraria de libertad, tanto si se producen en la vida pública como en la privada.

Bibliografía

Monografías

→ ÁLVAREZ Noriega, M.: *Impulso de la igualdad de oportunidades entre mujeres y hombres.* Antequera: Editorial IC, 2021.

→ FERNÁNDEZ Teruelo, J. G.: *Violencia de género: retos pendientes y nuevos desafíos.* Pamplona: Editorial Aranzadi, 2021.

→ GARRIDO Ríos, F. J.: *Análisis y detección de la violencia de género y los procesos de atención a mujeres en situaciones de violencia.* Antequera: Editorial IC, 2022.

→ JIMÉNEZ García, A.: *Plan de igualdad. Desarrollo, implantación, seguimiento y evaluación.* Antequera: Editorial IC, 2021.

→ MÁRQUEZ Pérez, I. M.: *Análisis del entorno laboral y gestión de relaciones laborales desde la perspectiva de género.* Antequera: Editorial IC, 2022.

→ NARANJO Pera, A.: *Aplicación de conceptos básicos de la teoría de género y del lenguaje no sexista.* Antequera: Editorial IC, 2024.

→ ROSA Nadales, M.: *El amor y la prevención de la violencia de género en la adolescencia.* Granada: Editorial Comares, 2023.

→ VV. AA.: *Combatiendo la desigualdad. Un nuevo planteamiento del papel del gobierno.* Barcelona: Editorial Deusto, 2022.

Textos electrónicos, bases de datos y programas informáticos

→ Instituto de las mujeres de: <http://www.inmujer.gob.es/>.

→ Ministerio de Sanidad, de: <https://www.sanidad.gob.es/>.

→ Observatorio contra la Violencia Doméstica y de Género del Poder Judicial, de: <http://www.poderjudicial.es/cgpj/es/Temas/Violencia-domestica-y-de-genero/El-Observatorio-contra-la-violencia-domestica-y-de-genero>.

→ Observatorio de la Imagen de las Mujeres. Instituto de las Mujeres, de: <https://www.inmujeres.gob.es/observatorios/observImg/home.htm>.

→ ONU mujeres, de: <http://www.unwomen.org/es>.

Legislación y normativa

→ Declaración Universal de los Derechos Humanos.

→ La Constitución Española de 1978.

→ Directiva (UE) 2024/1385 del Parlamento Europeo y del Consejo, de 14 de mayo de 2024, sobre la lucha contra la violencia contra las mujeres y la violencia doméstica.

→ Ley Orgánica 2/2024, de 1 de agosto, de representación paritaria y presencia equilibrada de mujeres y hombres.

→ Ley Orgánica 2/2022, de 21 de marzo, de mejora de la protección de las personas huérfanas víctimas de la violencia de género.

→ Ley Orgánica 6/2022, de 12 de julio, complementaria de la Ley 15/2022, de 12 de julio, integral para la igualdad de trato y la no discriminación, de modificación de la Ley Orgánica 10/1995, de 23 de noviembre, del Código Penal.

→ Ley Orgánica 10/2022, de 6 de septiembre, de garantía integral de la libertad sexual.

→ Ley Orgánica 8/2021, de 4 de junio, de protección integral a la infancia y la adolescencia frente a la violencia.

→ Ley Orgánica 3/2007, de 22 de marzo, para la igualdad efectiva de mujeres y hombres.

→ Ley Orgánica 1/2004, de 28 de diciembre de medidas de protección integral contra la violencia de género.

→ Ley 15/2022, de 12 de julio, integral para la igualdad de trato y la no discriminación.

→ Real Decreto Legislativo 2/2015, de 23 de octubre, por el que se aprueba el texto refundido de la Ley del Estatuto de los Trabajadores.